T0089408

María Elena Salinas ha trabajado como periodista en Univision durante los últimos venticinco años. Ha sido galardonada con tres premios Emmy y recientemente creó una beca de estudios llamada María Elena Salinas Scholarship for Excellence in Spanish-Language News Media.

Yo Soy
La Hija de
Mi Padre

Una Vida Sin Secretos

MARÍA ELENA SALINAS
CON LIZ BALMASEDA

Traducido del inglés por Rosario Camacho-Koppel

 Una rama de HarperCollinsPublishers

Los libros de HarperCollins pueden ser adquiridos para uso educacional, comercial o promocional. Para recibir más información, diríjase a: Special Markets Department, HarperCollins Publishers, 10 East 53rd Street, New York, NY 10022.

Diseño del libro por Nicola Ferguson

Este libro fue publicado originalmente en inglés en el año 2006 en los Estados Unidos por Rayo, una rama de HarperCollins Publishers.

PRIMERA EDICIÓN RAYO EN PASTA BLANDA, 2007

Todas las fotografías por cortesía de la autora

Library of Congress ha catalogado la edición en inglés.

ISBN: 978-0-06-120567-5
ISBN-10: 0-06-120567-2

HB 10.15.2018

Para las personas más importantes de mi vida…

Gaby	*Charlie*
Julia	*Isabel*
Bianca	*Tina*
Erica	*Mamá*
Cici	*Papá*

ÍNDICE

Yo Soy
la Hija de
Mi Padre

UNO

La Caja de los Secretos

Aprendí a contar historias de voces ignoradas, de mexicanos anónimos de las calles de mi infancia. Me hablaban como me hablaba mi madre, en frases tiernas que sólo insinuaban la peregrinación épica que habrían soportado. Me contaban—aunque debo confesar que con algo de insistencia de mi parte—sobre su niñez, sus antiguos amores, sus problemas cotidianos, sus maridos machistas, sus sueños de cuentos de hadas. Éramos almas hermanas, unidas por algo más que las complejidades que era capaz de imaginar en ese entonces. Habíamos trabajado hombro a hombro cuando yo tenía catorce años, cortando los hilos sueltos de prendas de vestir en una fábrica de ropa. Nos reuníamos una y otra vez, en esquinas diferentes del Centro Sur y Este de Los Ángeles, en los cines donde daban películas en español o con subtítulos, en la misa del domingo, en la escuela de personalidad de San Fernando, donde daba clases a mujeres inmigrantes, en los festivales de fin de semana donde los mariachis tocaban nuestras canciones favoritas.

En sus historias encontré todos los elementos clave de un periodismo audaz. Y cuando me convertí en reportera de televisión, recurrí a ese tesoro de historias. Claro está que parecían distintas después de filtrarlas por los insensibles lentes de los noticieros nocturnos. Con frecuencia adquirían dimensiones de telenovela. Las cosas que les ocurrían a otras personas, más específicamente, los personajes de mis reportajes, siempre parecían ser más surrealistas que las cosas que me pasaban a mí. Pero yo también tenía grandes sueños. Quería ser una especie de mujer de negocios autosuficiente. Pero ¿haciendo qué? Inicialmente quise ser diseñadora de modas o experta en belleza. Luego tomé unos cursos de mercadeo y me interesé por el creciente mercado hispano. Soñaba con llegar a ser una ejecutiva en publicidad. Decidí que la dirección de mi carrera se definiría por una regla: que nunca me llevara al estancamiento o a la mediocridad. Y nunca lo hizo, aunque tampoco me llevó exactamente a la oficina de ventas.

MI CAMINO dio un giro en la antigua y húmeda sala de noticias de KMEX, el Canal 34, la primera estación de televisión en español de Los Ángeles, y la segunda de Estados Unidos. Era una casa vieja de dos pisos adaptada para albergar una humilde y ruidosa operación de noticias. El aire acondicionado jamás funcionaba, pero los teletipos sí. En los días en que nos limitábamos a leer las noticias tal y como llegaban redactadas por las agencias, los teletipos, no dejaban de sonar, escupiendo pilas interminables de códigos y boletines con los titulares de la hora rodando y enrollándose sobre el manchado piso de linóleo. KMEX era, como lo describiera alguna vez el gerente general de la estación, Danny Villanueva, "esa pequeña estación mexicana de cable." Pero esa pequeña estación, que reflejaba la explosión latina de los años 80, creció en forma dramática durante mis primeros años de trabajo en ella y, a medida que lo hizo, fui aprendiendo a dominar un nuevo lenguaje, uno que había sido hasta entonces ajeno a mi mundo donde lo que dominaba era el *spanglish*. Se trataba del rítmico y hermosamente condensado idioma de la televisión. Me emocionaba su ritmo y la riqueza de sus palabras, me emocionaba la intensidad de las noticias de última hora. Encontré ahí un verdadero reto, un nuevo mundo que conquistar. Quería aprenderlo todo, así que me sumergí por completo. Pronto estaba transmitiendo esas familiares historias latinas, las que había aprendido de memoria desde pequeña, contándoselas a nuestra audiencia, no sólo durante el noticiero de la noche, como reportera y presentadora, sino también en el programa diario de asuntos comunitarios *Los Ángeles Ahora* y en un programa de espectáculos del cual era anfitriona el fin de semana. Después de unos pocos años, y de algunos tropiezos y ataques de pánico escénico al aire, logré dominar el terreno, sin el uso de un teleprompter ya que ese fiel dispositivo sólo entró en escena mucho tiempo después. Lo que deseaba más que nada era que mi padre estuviera orgulloso de mí. Y lo estaba. En privado, me daba consejos sobre mi nueva profesión. "No dejes de leer," me aconsejaba, "Nunca dejes de aprender."

"Piensa antes de hablar," me advertía. "Lee los antecedentes de la historia que estás cubriendo. Debes tener mucho cuidado. Tienes que hacerlo bien."

Pero en público, cuando mi nombre surgió en el mundo de la televisión local, él se refería a mis reportajes de noticias con orgullo.

"Esa es mi hija," presumía.

Yo comenzaba a adaptarme a mi nuevo papel como reportera, a sentirme segura en esta identidad. Y luego mi mundo se sacudió hasta los cimientos.

Mi padre murió. El 6 de agosto de 1985. Fue cuando por primera vez me encontré cara a cara con la más abrumadora historia de mi vida, la que retaría mi propia identidad y me redefiniría.

RECIBÍ LA llamada en un día muy recargado de noticias, en medio de la acelerada actividad de las asignaciones de la mañana. Días más tarde, observaba pasmada el ataúd de mi padre desde el otro lado de la habitación. Una especie de fuerza mayor que me empujaba contra la pared. Me era imposible moverme. Algo muy poderoso me mantenía pegada a esa pared, lejos de mi padre. Era como la fuerza de la gravedad. Ahora comprendo de qué se trataba esa distancia entre nosotros: Mi padre estaba muerto y yo ni sabía quién era él en realidad.

Mi padre, José Luis Cordero Salinas, fue el primer miembro de mi familia que perdí. Había estado en el hospital seis semanas luchando con las consecuencias de una enfermedad circulatoria. Lo había visto entrar lentamente en un estado semicomatoso, luchando por respirar y marchitándose poco a poco. Fueron tantas las complicaciones derivadas de lo que comenzó como una neumonía que su certificado de defunción enumeraba unas seis causas de muerte. Mi amor por él era tan profundo como los misterios que rodeaban su vida. Disciplinario, pacifista, intelectual, indocumentado. Había sido un enigma, aún dentro de nuestra pequeña y unida familia. Pasaba de un trabajo a otro, de una empresa a otra. Trabajó en bienes raíces como contador, como administrador de un negocio de boliche y como profesor. Pero, aparentemente, lo que buscaba no era ganar grandes salarios. En cambio, lo impulsaba un sentido de misión y caridad. A sus clientes de contabilidad les cobraba tarifas mínimas. Yo solía enojarme con él por eso:

"Papi, es tu negocio. Debes cobrar más."

Pero él se negaba a hacerlo.

"No, m'hija, no tienen muchas ganancias."

Una vez gastó todos sus ahorros en escribir y publicar una guía del consumidor bilingüe para el mercado de bienes raíces, porque pensaba que el sistema era injusto con el comprador. Recuerdo otra vez que nos llevó a un restaurante alemán. Nunca nos había llevado allí antes, pero era evidente que él era un cliente habitual. Todos allí lo conocían. Le hablaban en alemán y lo llamaban *"Professor."* Era un hombre reservado de una familia de abolengo de la Ciudad de México, en la que había cantantes de ópera, pintores, clérigos y juristas, y sin embargo se había unido a las filas de los trabajadores pobres del Centro Sur de Los Ángeles. Un hombre ilustrado que había obtenido varias licenciaturas, incluyendo un grado en derecho y una maestría en filosofía, y que dominaba al menos seis idiomas, no creía en ese tipo de educación para nosotras, sus tres hijas nacidas en los Estados Unidos. Quería que fuéramos mujeres con fundamentos morales, esposas y madres dedicadas exclusivamente a eso. Además, había llegado a la conclusión de que el sistema educativo de los Estados Unidos producía en su mayoría atletas y buscadores de fortunas. Pero era tal su devoción por nosotras que solo cuando llegué a la edad adulta supe (A) que era pobre y (B) que no tenía tarjeta verde. Había otros hechos que nos había ocultado, el más sorpredente de ellos lo descubriría varios dias después del funeral. Fue cuando llegó la Caja de los Secretos.

Me llamó inesperadamente un amigo de mi padre. Tenía algo que mi padre le había pedido que guardara en su bodega. Acordamos encontrarnos en la estación de gasolina detrás de KMEX.

"He tenido esto por mucho tiempo," me dijo el amigo ese caluroso día mientras me entregaba una caja cuadrada de unas veinticuatro pulgadas de ancho y de largo. "No tengo la menor idea de lo que contiene, pero pensé que la deberías tener."

Más tarde, esa noche, en la casa de mi madre, abrí la misteriosa caja. Estaba llena de libros y hojas sueltas, nada especialmente importante. Pero, debajo de todo eso, encontré un viejo y desgastado archivador de cuero. Este pequeño archivador tipo acordeón estaba repleto de documentos personales, retazos de nuestras vidas: certificados de nacimiento y fes de bautismo, informes de calificaciones, fotografías de familia, cartas oficiales, talonarios de chequeras, recibos de pago de alquiler. Escondidos en los compartimentos había pasajes de historias que nunca nos contó, cartas y documentos llenos de referencias al servicio militar, a la Segunda Guerra Mundial y a las tarjetas de registro de extranjeros. ¿De qué se trataba todo esto? Revisé todo el archivo buscando más piezas de este rompecabezas. Había cartas fechadas en los años 40 enviadas al Departamento de Guerra de los Estados Unidos, que más tarde se convertiría en el Departamento de Estado, y respuestas a las mismas. Hacían referencia a sus convicciones pacifistas, a su denegación a ir a la guerra y a su subsiguiente "deportación voluntaria." Eran el testimonio de una larga lucha por recuperar su derecho legal a ingresar a los Estados Unidos que duró varias décadas pero resultó infructuosa. En esta campaña, mi padre se había referido a la "educación moral" de sus tres hijas norteamericanas, como una de las principales razones por las que le debían permitir regresar a Los Ángeles.

Una solicitud de visa lo describía como una especie de experto:

> La Cámara de Comercio Nacional de Fabricantes de Vestuario de México considera necesario, para el desarrollo de la industria de vestuario de México, contar con un manual técnico completo sobre el tema, escrito en español, para distribuirlo entre sus asociados... Agradeceríamos la atención y los equipos que pudieran dispensarle al señor Salinas para este propósito.

Pero fue en un pequeño folleto de la Iglesia donde encontré la bomba. Era un folleto commemorativo impreso para recordar los veinticinco años de la orden sacerdotal de mi tío José Antonio. En los agradecimientos, el hermano menor de mi padre, a quien nunca conocí, había escrito:

Agradezco a todos los que influyeron en mi vocación sacerdotal, incluyendo a mi hermano, el Rev. José Luis Cordero Salinas.

MIS OJOS se quedaron clavados en el nombre, sin poder dar crédito a lo que veían. Era el nombre de mi padre, sí, pero "¿El Reverendo?" ¿Mi padre era un sacerdote? Sabía que tenía un hermano sacerdote. Sabía que tenía un tío que tenía un alto rango en la jerarquía de la Iglesia. Sabía que su familia había sido muy religiosa y conservadora en su fe católica romana. Pero no podía reconciliar las palabras que tenía ante mí, el extraño título antes de su apellido—de mi apellido. ¿Sería cierto? Antes de siquiera preguntárselo a mi madre, sentí en lo más profundo de mi ser que sí lo era. Todos esos sutiles indicios que había ignorado durante toda mi niñez comenzaban ahora a atolondrarme mientras corrían por mi memoria. Había estudiado en Roma. Sabía latín. Daba largos paseos meditando por el parque todos los días. Para él la moralidad era más valiosa que todo lo demás. Misteriosamente, se había distanciado de su familia. Siempre me había preguntado por qué no conocíamos a la mayoría de sus hermanos, por qué no había crecido rodeada de primos y primas, por qué no había fotografías ni historias de su niñez. Siempre había pensado que esto se debía a que era un hijo privilegiado que había optado por casarse con una mujer pobre sin educación. Me imaginaba que simplemente fui criada en la línea de las típicas telenovelas mexicanas en las que el niño rico se enamora de la hermosa y humilde señorita y es desheredado por la familia. Qué romántico, había pensado yo, decidió elegir el amor por encima de la posición social. Pero ¿era esa realmente la razón de su alejamiento? Conocía la historia de la vida de mi madre, sus crudos y conmovedores giros. Conocía muy bien esa historia—o al menos pensaba que la conocía. Pero mi padre era como esos inmigrantes sin nombre, a quienes nadie ha oído mencionar jamás, que llegaron aquí para reinventarse o para perderse entre las masas de indocumentados. Aún peor. Nunca nos reveló nada acerca de él mismo, ni siquiera cuando se lo preguntábamos.

Cerré el archivo y fui a buscar a mi madre en la habitación contigua. No quería inquietarla; sabía que aún estaba devastada por la muerte de mi padre. Pero tenía que preguntarle acerca de ese folleto de Iglesia que había encontrado. No quería que se convirtiera en un ser inalcanzable como lo había mi padre. Me fui directo al grano:

"Encontré este papel donde dice que mi papá era un sacerdote."

Mi mamá se deshizo en lágrimas. Estaba inconsolable.

"No sé nada."

Con mucha suavidad, le insistí:

"Pero, mami, si era un sacerdote, tú debes haberlo sabido."

"No lo sé..."

"¿Era un secreto?"

"Cuando lo conocí, era un abogado. No un sacerdote. Eso fue lo que me dijo."

"¿Qué más te dijo?"

Mi madre cerró los ojos, como si estuviera escuchando un leve susurro. Luego respiró profundo.

"Lo único que tu papá me dijo fue que se había desilusionado de la Iglesia, que había tenido una enorme decepción."

Surgió un silencio incómodo entre las dos. Luego, continuó:

"Pero cuando lo conocí," concluyó enfáticamente, "ya no era sacerdote."

Sentí una lástima horrible por ella. Me sentí muy mal de haber abierto de nuevo una puerta que había estado cerrada por tantos años. Pero la dolorosa conversación también cambió nuestras vidas. Ahora compartíamos un secreto, algo que, durante años, no le contaríamos a nadie, ni siquiera a mis hermanas. El secreto de mi padre se convirtió en un código entre nosotras, en un punto de ingreso. De ahí en adelante mi mami supo que me lo podía contar todo, todas esas cosas que los padres jamás les cuentan a los hijos. Me convertí en su confidente. Pero aún tenía muchos interrogantes. Sabía que necesitaba explorar qué había existido del otro lado de esa puerta. Esta se convertiría en mi misión, en mi asignación más difícil, en la que me he obsesionado a lo largo de la mayor parte de mi carrera.

Durante las siguientes dos décadas, mi trabajo me llevaría alrededor del mundo, desde la Plaza Roja de Moscú a las Selvas de Chiapas, desde las calles de la antigua Habana Vieja, hasta los barrios pobres de El Salvador. Viajé por todo el mundo cumpliendo con misiones para la red de televisión de mayor crecimiento en los Estados Unidos. Entrevisté a docenas de líderes mundiales, cubrí guerras, desastres naturales, cumbres diplomáticas, la muerte de una princesa, el funeral de un Papa. Volé en un helicóptero militar sobre pueblos inundados después de que el Huracán Mitch devastó a Honduras. Pasé las noches en vela frente a las casas sepultadas de los sobrevivientes del terremoto de El Salvador mientras excavaban entre los escombros buscando a sus hijos. Me protegí dentro de mi automóvil de los disparos de un francotirador apostado en el techo de un edificio en un peligroso barrio iraquí. Con siete meses de embarazo, golpee la puerta de un presidente ecuatoriano, apenas depuesto, para pedirle desvergonzadamente una entrevista. Estuve cara a cara con Bill Clinton, George W. Bush y John Kerry, y le pregunté a Manuel Noriega de Panamá sobre el contrabando de drogas, a Augusto Pinochet de Chile acerca de las violaciones de los derechos humanos y a Alberto Fujimori de Perú acerca de la corrupción.

Pero estar cara a cara con los dictadores, debatir con comandantes, y narrar una docena de veces las llegadas del Papa Juan Pablo II, eran paseos en el parque en comparación con mi misión personal. Pinochet, Fujimori, Noriega—eran pequeñeces comparados con la historia de mi padre. Esta era un tigre, no se trataba del trabajo, por lo general rápido y sucio, de lanzarse en paracaídas, en el que uno salta, se apresura a obtener la historia, le da el enfoque correcto a tiempo para el noticiero estelar y prosigue a la siguiente aventura. Esta historia nunca llegaría al noticiero. Era una historia de la que simplemente no me podía despedir.

Alcanzaría el pináculo de mi profesión en el mundo machista de la red de noticias en español durante la era del cambio demográfico sísmico. Había presenciado, de primera mano, la forma en que la población hispana se había multiplicado, de catorce millones a principios de los 80 a cuarenta millones para el 2004, y el vertiginoso incremento de su poder adquisitivo hasta más de seiscientos mil millones de dólares. Y esa ola de inmigrantes me elevaría a un inimaginable lugar de honor. Me convertí en la mujer hispana más reconocida en el mundo de las noticias en Norteamérica.

Más importante aún, me convertí en madre de dos hermosas niñas. Si mi misión de descubrir la verdad sobre el pasado de mi familia había sido intensa antes del nacimiento de mis dos hijas, lo fue aún más cuando se desarrolló un vínculo mágico entre nosotras. No quería tener con ellas ningún secreto. Quería ser muy cercana a ellas, ser su confidente, como mi madre había sido la mía. Claro está, que había habido algunos secretos que mi madre había guardado, pero a diferencia de mi padre, los compartió conmigo antes de su muerte, en marzo de 1998.

NACÍ EN Los Ángeles el 30 de diciembre de 1954. Mi madre quiso que naciera como ciudadana norteamericana, al igual que mis hermanas mayores, que habían nacido cuatro y cinco años antes. Muchos años después comprendí que debió haber querido ahorrarme los aprietos que había tenido que soportar mi padre por los problemas de inmigración. Tuvo que entrar a escondidas a los Estados Unidos, donde, legalmente, no existía. (No era el estereotipo del odiado "extranjero ilegal." Era blanco, de ojos verdes y pelo rubio.) Rara vez salía del país, a excepción de uno que otro paseo ocasional a Tijuana o a Ensenada en el año en que una licencia de conductor de California sólo servía para pasar por unos pocos días al otro lado de la frontera. Ella misma había recibido una tarjeta verde después de que se mudaron a Los Ángeles, recién casados, en los años 40. Pero eventualmente se mudaron a

Tijuana, donde, por unos años, tuvieron una pequeña fábrica. No estoy segura de lo que producían—vestuario o bolsos para señora. Después de que yo nací, vivimos en Tijuana por un año. Luego nos mudamos a la Ciudad de México, donde vivimos siete años.

En la capital de México, mi madre consiguió un trabajo como costurera en Esteban Mayo, el famoso taller de vestidos de novia. Recuerdo haber ido con ella al trabajo muchas veces, y verla bordar delicados canutillos en trajes de encaje color crema. Cuando ya hacía algún tiempo había dejado de usar pañales, seguía siendo su consentida, su bebé que se chupaba el dedo, nunca muy lejos de las tiras de su delantal. Mi madre me daba pequeños trozos de seda para que me envolviera el pulgar por la noche, con la esperanza de que la sensación de la tela suave me hiciera dormir y me distrajera de mi hábito de chuparme el dedo, pero sin éxito. En casa, cuando medía las piezas de tela para los vestidos en su enorme mesa de coser, solía sentarme en el borde y observarla. Siempre me pedía lo mismo:

"Cántame la canción de Malenita."

Y yo comenzaba a cantar su ranchera favorita acerca del caballo blanco de Guadalajara que galopaba brioso hacia el norte.

Este es el corrido del caballo blanco,
Que un día domingo feliz arrancara,

Iba con la mira de llegar al norte,
Habiendo salido de Guadalajara.

En mis recuerdos, el México de entonces es una colcha de retazos de múltiples colores y aromas. El olor a chocolate caliente en las noches frías. Las alegres posadas del tiempo de Navidad. Mis amadas cazuelitas, esas diminutas ollitas de barro con las que me encantaba jugar. Mis estampitas, esas pequeñas tarjetas con oraciones que compraba con mi fortuna semanal, ese regalo del cielo que llamábamos "el Domingo." Yo colocaba los santitos con sus dulces caras ante un pequeño altar que mantenía escrupulosamente. En retrospectiva, me doy cuenta de que los santos y la Virgen siempre estuvieron bien representados y fueron objeto de frecuentes súplicas en mi hogar. Recuerdo una vez que mi madre le hizo una promesa a la Virgen de Guadalupe y de acuerdo con su manda, tenía que ir a pie desde nuestra casa hasta la Basílica de la Virgen de Guadalupe, a varias millas de distancia. La noche anterior, le rogué que me dejara ir con ella, pero me dijo que no, que estaba muy chiquita para caminar tan lejos. Al día siguiente, cuando escuché que estaba preparándose para salir, me levanté apresuradamente y fui a buscarla:

"Mami, no te puedes ir sin mí. Tengo que ir contigo."

Entonces caminamos juntas durante horas hasta que llegamos a la Basílica.

Mi padre pasaba mucho tiempo lejos de nosotras, trabajando, dicen que en Tijuana. Recuerdo largas épocas en las que no lo veíamos, sólo estábamos en casa mi mamá, Isabel y Tina, mis hermanas mayores, y yo. Éramos muy unidas a dos de las hermanas de mi madre y a sus hijos y juntos celebrábamos las fiestas y compartíamos las comidas los domingos. Pero a la vez, nuestra familia se mantenia aislada. Mis hermanas y yo íbamos a un colegio privado donde nos enseñaban inglés. Allí el colegio era distinto porque el año académico terminaba en noviembre.

A medida que las ausencias de mi padre se hacían cada vez más largas, nuestra casa se sentía más y más vacía. Y de hecho, lo estaba. Algo andaba mal. De un día para otro, nuestros muebles desaparecieron. Fueron embargados. Nos quedamos con muy pocas posesiones. Tengo una fotografía que ilustra a la perfección ese período de nuestras vidas: estoy sola, en una habitación casi vacía, luciendo un flequillo recién cortado gracias al entusiasmo de mi hermana mayor con las tijeras. A mi alrededor sólo hay una silla, una mesa, una lámpara y un pequeño gato de porcelana. Poco después del momento en que tomaron esa foto, nos mudamos a Los Ángeles.

Mi madre se había ido para Los Ángeles unos meses antes con mi hermana Isabel, para instalarse. Nos dejó a Tina y a mí al cuidado de mi Tía Rosario—Tía Chayo. Cuando llegó el momento de irnos de México, en noviembre de 1963, mi tía me puso un vestido azul con un cuello de peluche, nos montó en un avión que iba para Tijuana, donde nos recogería mi madre. Mi tía me entregó una pequeña maletita con todos mis documentos y me dijo que la cuidara con mi vida. Durante todo el viaje tuve miedo de dejar mi asiento por temor a que algo pudiera ocurrirle a mis papeles.

Cuando llegamos a la frontera, mi madre me dio unas instrucciones:

"Siempre que cruces la frontera, si te preguntan cualquier cosa, sólo responde '*American citizen, American citizen*.'"

Esa era una de las dos frases que mi madre aprendió a decir en inglés a la perfección. La otra era *apple pie à la mode*, extrañamente, una mezcla de inglés y francés. En otras palabras le encantaba el pastel de manzana con helado de vainilla.

Mi madre, Luz Tiznado—Lucita para sus seres queridos—nació en una familia pobre de El Bajío, un pequeño pueblo de calles sin pavimentar, en el estado noroccidental de Sinaloa. Su padre era el velador nocturno de un ingenio azucarero de una ciudad cercana, El Guayabo. Cuando mi madre tenía dieciocho años, su madre murió, lo que la dejó a ella, como la hija mayor, a cargo de cuidar a sus siete hermanos y su padre. Conoció a mi padre diez años más tarde, cuando se fue a la Ciudad de México y entró a trabajar como recepcionista de un dentista. Mi padre era amigo del dentista, según ella me contó. Mi madre era una mujer hermosa de casi treinta años cuando lo conoció. Pero solo más tarde me enteraría del doloroso secreto que la había obligado a irse para la capital.

Miss México de Los Ángeles

A lfonso Tirado era un hombre encantador, cuyo prestigioso nombre era conocido por todo el estado de Sinaloa. Su padre era el dueño del ingenio de El Guayabo, donde trabajaba mi abuelo materno, y como muchas jóvenes de la región que se enamoraban con el porte y los atractivos rasgos de Alfonso, mi madre conocía bien su reputación de conquistador. ¿Cómo no había de serlo? Era un hijo privilegiado con sueños de liderazgo provincial. Además, montaba un hermoso caballo.

Años después, mi madre contaba, en momentos de nostalgia, cómo en esos días los hombres galopaban de noche por los pueblos llevándose con ellos a las muchachas más bonitas. Los habitantes del pueblo quedaban atrás tejiendo historias de las doncellas desaparecidas.

"Se la llevaron al río," concluían como si la desaparición hubiera sido el resultado de la acción de algún ejército.

Según las normas actuales, claro está, semejante acto sería equivalente a un secuestro agravado, un delito mayor, y sabe Dios qué más. Pero, por la forma en que mi madre relataba la historia de su propia desaparición de El Guayabo, sobre el caballo de Alfonso Tirado, lo que ella describía no era ningún crimen de esa índole. No, lo que ella contaba era una historia de amor, una historia tan apasionada y pura que aún seis décadas más tarde hacía brillar sus ojitos. Era la clase de historia de amor que inspiró todos los grandes boleros, inclusive esos que nos hacen llorar. Según su relato, ellos estaban profundamente enamorados, aunque las posibilidades de su relación eran aparentemente nulas. Él era rico; ella era pobre. Ese simple hecho garantizaba que nunca podría ser su esposa, porque los matrimonios entre personas de distintas clases sociales eran algo inaudito. Y, según ella misma admitía, no era su única novia. Pero, añadía con una sútil modestia, era su favorita. Sin duda era la más linda del pueblo, una belleza de ojos verdes con pelo castaño y pómulos pronunciados. Las fotografías en sepia de su juventud lo confirman.

A pesar de sus humildes raíces, mi madre tuvo siempre un porte elegante. Aunque no podía darse el lujo de comprar en las tiendas exclusivas, era una mujer con estilo y con gusto por los detalles, preocupada de que sus zapatos siempre combinaran con su bolso. Podía hacer que las rebajas de JCPenny parecieran creaciones de alta costura. A mis ojos, ella era esa mujer alta, espigada y joven, aunque me tuvo a mí a los cuarenta y dos años. Cuando crecí, me di cuenta de que no era tan alta como yo la imaginaba, porque la superaba por mucho en estatura. Sin embargo, lo interpreté como una confirmación de su impecable porte y elegancia.

Sin lugar a dudas, fue ese carácter radiante lo que atrajo a Alfonso Tirado. Le puso un pequeño apartamento en Mazatlán, la capital del estado de la que después él sería alcalde. Mi madre vivió allí con su hermana menor, Conchita, una fogosa pelirroja pecosa que había tomado el nombre de su cantante favorita porque detestaba su nombre de pila, Petra. Al igual que mi madre, a Conchita/Petra tampoco le gustaba el apellido de su padre, Tiznado. No tenía esa connotación poética del apellido de su madre, Lizárraga, un nombre respetado en el estado de Sinaloa. Allí, Los Lizárraga habían fundado uno de los grupos musicales más famosos: La Banda del Recodo. Tiznado, en cambio, parecía venir de la palabra *tizne*, que significa mugre. Por lo tanto, Petra Tiznado se convirtió en Concepción "Conchita" Tirado. Por un tiempo, mi madre también utilizó ese apellido, porque además era el nombre de su novio Alfonso.

El amor de mi madre venía a visitarla todos los días. Esto fue lo que supe por mucho años, según la forma en que mami contó la historia—una hermosa historia de amor, con bastantes detalles—a lo largo de mi vida. Pero lo que no sabía era su trágico final. Y había un hecho sorprendente que ella mantuvo en secreto hasta la semana del funeral de mi padre. Salió a la luz gracias a su hermana, quien al ver a mi madre tan devastada por la muerte de mi padre, me lo confió:

"Es la segunda vez que he tenido que consolar a tu madre por la pérdida de un ser querido," me dijo mi tía Conchita.

"¿Cuándo fue la primera vez?" le pregunté.

Su respuesta me dejó sin palabras. Esperé a que pasara el funeral y luego invité a mi madre a Santa Bárbara por unos días. Viajamos en automóvil a lo largo de una costa irregular que unía su presente con su pasado, contra las mismas brisas del Pacífico que acariciaron a su amado Mazatlán. Por último, lejos del resto de la familia, estábamos de nuevo solas y éramos confidentes. Le dije que conocía su secreto tan bien guardado por tanto tiempo: Había tenido un bebé con Alfonso Tirado.

Mi madre asintió con tristeza.

"Sí, tuve una niñita que murió."

Su nombre era María de los Ángeles. Tenía unos tres años cuando murió. Conocer la existencia de esta niña me aclaró muchas cosas. Saber que había existido un bebé antes de mis hermanas y antes de mí, explicaba las extrañas palabras que había visto una vez en mi certificado de nacimiento. En la línea que pregunta cuántos hijos han nacido con anterioridad, mi madre respondió "tres." ¿Tres? Cuando le pregunté por qué no había escrito "dos," considerando que solo nos tenía a mis dos hermanas y a mí, se libró de mi pregunta diciéndome:

"Ve y pregúntale a tu papa."

Y, naturalmente cuando le pregunté a mi papá, solo repitió lo que ella me había dicho:

"Ve y pregúntale a tu mamá."

Entonces, no sólo había una cuarta hermana, sino que había muerto muchos años antes de que yo naciera. Sin embargo, mi madre y yo decidimos que íbamos a mantener esta historia entre las dos y pasaron años antes de que se la reveláramos a mis hermanas.

Según lo contaba ella, Alfonso Tirado se había casado con otra, con una muchacha de la alta sociedad con quien había tenido un hijo. Pero mi madre, su Lucita, era el amor de su vida. Ella contaba que él había sido un padre amoroso que pasaba mucho tiempo con ella y con la bebé. Pero un día, cuando él no estaba, la pequeña se enfermó y se debilitó rápidamente. Mi madre estaba desesperada. Intentó todo tipo de remedios caseros. El hospital quedaba muy lejos y no tenía transporte ni forma de comunicarse. No tenía cómo enviarle un mensaje urgente a su amor.

Para cuando él llegó, la niña había muerto. Quedó devastado, tanto así que se unió aún más a mi madre. Permanecieron juntos, aunque él continuó empeñado en alcanzar sus sueños políticos. Según lo contaba mi madre, Alfonso Tirado decidió postularse para gobernador de Sinaloa. Pero esos sueños habrían de ser efímeros. En la ruta de la campaña, su rival lo emboscó y lo mató.

Mi madre, todavía de duelo por su bebé, no pudo soportar más el dolor de vivir en Mazatlán. Por esa razón se fue para la Ciudad de México con la esperanza de comenzar una nueva vida. Fue allí donde conoció a mi padre. Se casaron cuando ella tenía unos treinta años.

Pero jamás olvidó su primer amor. En el aniversario número cincuenta de su asesinato, sus antiguas amigas de Mazatlán le enviaron recortes de prensa. El diario local había publicado un artículo conmemorativo. Me lo mostró emocionada.

"Mira, él fue mi novio cuando yo era joven."

Después de casarse, mis padres estuvieron seis años sin hijos, yendo y viniendo entre Los Ángeles y Tijuana. Durante años, los detalles de esa época fueron, cuando más, esquemáticos. Su historia de amor carecía de los datos claros de otros matrimonios. No habían detalles de la boda, ni fotografías, sólo una simple argolla de matrimonio. Me tomaría muchos años descubrir la razón. Siempre pensé que cualquiera que fuera el misterio que ocultaba su relación, tenía que ver con el hecho de que venían de ambientes muy distintos. Mi padre provenía de una familia muy refinada. En México utilizan la palabra *abolengo* para describir esta clase social, que aunque no necesariamente rica, es sin duda distinguida. Y además, en el caso de la familia de mi padre, aparentemente intolerante. ¿Cómo más explicar su distanciamiento de todos ellos?

Nunca entendí totalmente por qué el apellido de mi padre cambió cuando cruzó la frontera hacia los Estados Unidos. En México, su apellido era Cordero Salinas, con Cordero como el apellido paterno. En este país, su apellido pasó a ser Salinas, y el apellido Cordero se redujo a una "C"; una inicial central que pocas veces utilizó.

Tal vez se debió a un funcionario de inmigración mal informado, no familiarizado con las tradiciones latinoamericanas de los apellidos dobles. O tal vez mi padre, como alguna vez me lo comentara, simplemente se identificaba más con la familia de su madre. La verdad es que nunca supe por qué.

Cualquiera que sea el caso, éramos los Salinas cuando regresamos de la Ciudad de México a la parte del Centro Sur de Los Ángeles en 1963. Fue en otoño, lo que equivalía al final de mi tercer año de primaria en México. La diferencia en los sistemas escolares hizo que repitiera ese año. Otra razón por la cual no me pusieron en cuarto, a pesar de mis buenas calificaciones, fue porque la maestra de tercero hablaba un poquito de español y yo no me podía comunicar muy bien en inglés, aunque había tomado clases de inglés en el colegio de México. En ese entonces había apenas unos pocos hispanos en una escuela predominantemente afroamericana. Mis hermanas iban a un colegio diferente donde recibían clases de inglés como segundo idioma. Pero en el mío, tuve que aprender inglés rápido si me quería comunicar con alguien que no fuera mi maestra. Por consiguiente, aprendí inglés en seis meses y, eventualmente, perdí mi acento. (Claro está que después resurgió de nuevo cuando comencé a trabajar en la televisión de habla hispana.)

Por lo general, regresaba a casa sola, a pie. De hecho, recuerdo haber pasado mucho tiempo sola. Mientras estuve en primaria, no participaba en actividades ni en deporte. De hecho, tuve la llave de la puerta de mi casa desde los nueve años. Solía llegar al apartamento vacío y comenzaba a preparar la comida, a limpiar la casa, a planchar la ropa y a hacer mis tareas hasta que llegaban mi mamá y mis hermanas horas más tarde. Sin embargo, nunca sentí miedo y nunca me sentí sola. Tal vez eso se debía a que sentía cernirse sobre mi cabeza la presencia de mis padres desde el momento en que entraba a la diminuta cocina. Allí, pegadas a la pared, estaban las reglas escritas a máquina por mi padre. En estilo militar, enumeraba el horario de cada día. Desde el momento en que nos levantábamos, a las 6:45 A.M. hasta la hora en que nos acostábamos, las 10:00 P.M.:

MEMORANDA

+ Guardar o poner las cosas en su lugar después de usarlas. Por ejemplo: las toallas en el toallero, la ropa limpia en el closet, la ropa sucia en los cestos. Tapar botellas y tubos, etc.
+ Mantener la casa limpia, especialmente el baño, la sala, el comedor y la cocina.
+ Lavar y tender la ropa dos veces por semana.
+ Sacar las botellas de la leche los lunes y los viernes.

CONDUCTA

+ Encomendarse a Dios al levantarse y al acostarse.
+ Oír misa los domingos. Confesarse y comulgar con frecuencia.
+ Pedir por favor y agradecer los servicios.
+ Saludar al encontrarse y despedirse al separarse.
+ Comer y vestir con decencia y urbanidad.
+ No andar descalza ni masticar chicle.
+ Obedecer pronto y de buena gana.
+ No proferir malas palabras ni insultos.
+ Evitar amistades ociosas o peligrosas.
+ Tener empeño en aprender y evitar la ociosidad.
+ Pedir permiso para salir. Avisar dónde se esta para evitar que los padres se preocupen.
+ Evitar pleitos y gritos. Hablar en tono normal.

* No usar el teléfono por más de 10 minutos.
* Las hermanas deben procurar salir juntas. La menor debe obedecer a la mayor en ausencia de los padres.
* Tener confianza a los padres y pedirles consejos.

Dinero, paseos, y diversiones serán premio a la que lo merezca por su buena conducta durante la semana.

Los códigos estrictos de mi padre han debido ser un indicio de su pasado, pero jamás sospeché que fueran algo más que el manifiesto de un padre disciplinario. El término estricto se queda corto. ¿Quedarse a dormir en otra casa? Ni pensarlo. Aún siendo ya adulta, jamás me quedaba a dormir en otra casa por temor a que mi padre no lo aprobara. Pero no tenía ningún inconveniente en que yo volviera del colegio a casa a pie, ni en que caminara por todo el vecindario vendiendo chocolates. Ahora, como una madre que ni siquiera soñaría con permitir que sus hijas anduvieran ni una sola cuadra por el exclusivo vecindario donde vivimos, me parece un hecho sorprendente. Vivíamos dentro de un área de alta tensión, en Watts, justo a mediados de los años 60, una época en la que las frustraciones por las desigualdades en las condiciones de vida, el creciente desempleo, las escuelas en ruinas y la rampante discriminación amenazaban con hacer erupción—como en realidad ocurrió.

Para mi padre, el área del Centro Sur de Los Ángeles era como cualquier otro lugar, un lugar para caminar y meditar entre los ruidos y olores de la ciudad. Llevaba con él su Biblia durante sus largas y serenas caminatas por todos los puntos de referencia del vecindario, los estadios deportivos al otro lado de la calle, el parque, el Coliseo, los museos, los amplios predios de la Universidad del Sur de California.

En cuanto a mí, sólo recuerdo un incidente que me produjo miedo mientras iba rumbo a la escuela, poco después de llegar de México. Vi un hombre extraño, en un auto que avanzaba lentamente, que me miraba y seguía cada uno de mis pasos. Entré en pánico y corrí hacia una casa cercana, toqué en la puerta, y no sabía cómo explicar lo que ese hombre estaba haciendo, de modo que apenas pude balbucear:

"He see me! He see me!"

Pero las personas que vivían allí me ignoraron. Afortunadamente, vi un camión repartidor de leche y corrí hacia el conductor.

"He see me!" le grité.

El lechero me indicó que subiera al camión. Me llevó al colegio y me escoltó hasta mi aula de clase. Sollozando, le conté a mi maestra lo ocurrido. Afortunadamente, nunca se repitió. Hasta la fecha no se si fue mi imaginación o si realmente estuve en peligro de ser raptada.

Hubo otros momentos de gran ansiedad un par de años

después, pero fueron producidos por una sensación general de desesperación en las áreas vecinas. Los levantamientos del área de Watts, que mantuvieron en vilo a la ciudad durante varios días en agosto de 1965, explotaron por las calles de mi vecindario. Recuerdo haber tomado el autobus para regresar al apartamento en la esquina de Figueroa y Santa Bárbara y luego haber tenido que correr la media cuadra faltante hasta la puerta porque sabíamos que los revoltosos se escondían en el parque al otro lado de la calle, esperando las primeras sombras del atardecer. En el apartamento, mi madre temiendo que nos llegara una bala perdida, nos ordenó dormir en el suelo y agacharnos cuando pasáramos cerca a la ventana. Podíamos oir los disparos y el ruido de los militantes en nuestra calle de Santa Bárbara, que luego fue rebautizada Calle Martin Luther King.

Tampoco faltaban las emociones dentro del apartamento. Vivíamos en un multifamiliar de cuatro unidades, en el primer piso, donde abundaban las cucarachas más caprichosas de Los Ángeles. Ninguna cantidad de insecticida las desanimaba de su misión de apoderarse de nuestro hogar, al que llamábamos La Casa de las Cucarachas. Dios no quisiera que tuviera uno que levantarse a buscar un vaso de agua a mitad de la noche… ¡*Whoooooosh!* Salían corriendo por todo el piso. Estaban por todas partes, en los gabinetes de la cocina, en los clósets, en el baño, todas pertenecientes a un batallón de soldados rasos proveniente del ático. El hecho de que yo durmiera en un clóset no ayudaba. En el pequeñísimo apartamento de dos recámaras, mis padres me habían instalado un catre en un pequeño cuarto con un techo en ángulo, debajo de la escalera que llevaba a la unidad de vivienda del segundo piso. Todo retumbaba allí dentro. Mi almohada quedaba contra la pared que separaba mi espacio de la lavandería. Por la noche, cuando mi madre lavaba la ropa, sonaban ruidos fantasmales a través de la pared. Los truenos, el ruido de los motores de los autos e incluso los fuegos artificiales del 4 de julio resonaban como bombas en ese lugar. Creo que esa fue la razón por la que durante años tuve un miedo incontrolable a los truenos y los rayos.

No estoy segura de cómo me pudo afectar haber dormido en ese clóset, pero sí puedo decir que, después de esa experiencia, nunca dejé de agradecer cada pie cuadrado de espacio. Muchos años más tarde, cuando compré mi primera casa, mi tía Concha me recordó mi antiguo alojamiento.

"¿Recuerdas cuando dormías en el clóset? Ahora tienes tres recámaras y puedes dormir en la que quieras."

Y es eso precisamente lo que hice. Incluso llegué a dormir en el piso de mi sala acurrucada frente a la chimenea. Otra cosa que aprendí de esos años en La Casa de las Cucarachas es que siempre quería tener suficiente espacio para la familia. De modo que cada vez que compraba una casa me aseguraba de que hubiera una habitación adicional para mi madre. Y de que hubiera moteles adecuados para las cucarachas.

EN LA ESCUELA, aunque mis calificaciones no eran las mejores, mis profesores estaban convencidos de que esas notas no reflejaban mi potencial. Pensaban que me podía ir mejor y, en ocasiones, me insinuaron que era demasiado sociable. Aún me cuesta trabajo creerlo al recordar lo tímida que fui durante mi niñez. Pero acepto que quería dar la impresión de ser mayor de lo que era, sobre todo cuando estaba en octavo grado, en esa etapa incómoda antes de la adolescencia. Creo que esto se debía a que tenía dos hermanas mayores que usaban ropa exótica de gente grande, como medias de nylon. Mis piernas eran demasiado flacas para las medias de nylon, pero eso no me impedía ponérmelas todas las mañanas bajo mi uniforme. Era mi práctica diaria de optimismo de niña grande, un optimismo que se marchitaba con el paso del día cuando las medias se escurrían irremediablemente alrededor de mis rodillas.

Dejando a un lado las medias de señoritas, estaba enamorada de la moda. Quería lucir los últimos diseños, crear tendencias, dominar todos los trucos. En la secundaria entré a un club de costura. Muy pronto comencé a organizar desfiles de moda para mostrar mis creaciones e ir desarrollando mis talentos de maestra de ceremonias. Iba haciendo la narración mientras mis modelos—es decir, mis compañeras de clase y mi sobrina Cici de tres años—mostraban mis creaciones. Mientras las veía pasearse por la pasarela soñaba con mi entrada triunfal a la industria de la moda, un mundo que imaginaba glamoroso. El hecho fue que mi primer trabajo en la moda—mi primer trabajo, punto—fue tan glamoroso como mis viejas medias de nylon. A los catorce años acepté un trabajo de verano en una fábrica de confecciones donde mi madre trabajaba como costurera. Mi trabajo consistía en cortar los hilos que quedaban colgando de las prendas terminadas. Me dieron unas tijeras diminutas para cortar los hilos. Era el último paso antes de que las prendas fueran empacadas en bolsas de plástico para despacharlas. Aunque era muy fácil, yo estaba aterrorizada de que pudiera fallar y arruinar las prendas. En mi primer día de trabajo estaba tan nerviosa que fui corriendo al baño a vomitar. Cuando empezó de nuevo el colegio tuve que dejar la fábrica. Acepté un trabajo después de clases sirviendo comida en Clifton's Cafeteria en la calle Broadway del centro de Los Ángeles.

Después trabajé en un cine que era parte de la cadena Metropolitan Theaters que presentaba películas en español y en inglés con subtítulos en español. Empecé vendiendo palomitas y lavando el piso, y fui ascendiendo eventualmente hasta vender boletas. Me emocioné mucho con ese ascenso—iba mejorando poco a poco de categoría, algo que mi madre me había dicho que era por lo que había que esforzarse. Yo la veia traer trabajo a casa de la fábrica y hacerlo mientras veíamos televisión. Lo hacía tan rápido que calculaba que le salia mejor negocio que le pagaran por pieza que por hora. Por lo que siempre encontraba la forma de ir avanzando y ascendiendo poco a poco. Su ética laboral era asombrosa, al igual que su habilidad para administrar el dinero. Lo que aún me sorprende es que, por pequeño que fuera el espacio en el que vivíamos y por humilde que fuera nuestro estilo de vida, nunca me sentí pobre. No recuerdo que nos haya faltado algo, sobre todo nunca nos faltó la presencia de mi madre, a pesar de su prolongado horario de trabajo. No hacía falta nada, lo teníamos todo gracias a ella. Era mi ídolo. Quería ser como ella, amorosa, fuerte, elegante, trabajadora, modesta. Intentaba balancear mis estudios con mi trabajo después de clases. En época de Navidad, tomaba un segundo trabajo en un almacén de departamentos para aumentar mis ingresos. Dividía mi sueldo en tres partes: una se la daba a mi madre para pagar la renta, otra parte era para pagar mi colegiatura en la secundaria católica de Nuestra Señora de Loretto y la otra parte para mis gastos personales y mi cuenta de ahorros. Tenía poco tiempo para cosas que no fueran el colegio y el trabajo. Si quería ser diseñadora de modas, pensaba, no tenía tiempo que perder. Esa fue una de las cosas que me quedó grabada en la

mente con las reglas de mi padre: NO SE PERMITE EL
OCIO. En retrospectiva, esas reglas fueron maravillosas. Sin
lugar a dudas, me ayudaron a no meterme en problemas, a
diferencia de lo que ocurrió con mi mejor amiga Rita que
quedó embarazada a los catorce años. Éramos unas chiquillas,
y ahí estábamos en su boda. Fui su dama de honor y más tarde
la madrina de su hija ¡a los catorce años! En realidad, no era
algo tan extraño. Varias de mis amigas quedaron embarazadas más o menos al mismo tiempo. Lo mejor que salió de eso
fueron los maravillosos hijos que tuvieron y que las han acompañado a lo largo de sus vidas. Creo que mi padre debe haber
dado gracias de que yo fuera tan puritana, aunque sus dos
hijas mayores también quedaron embarazadas en la adolescencia. El hecho fue que yo no dejé mi casa hasta cuando me
casé. Claro está que no significa que no haya tenido novios.
En realidad, me comprometí por primera vez a los dieciséis
años con un muchacho llamado Ray. Bueno, "compromiso" es
sólo el término técnico para lo que ocurrió entre nosotros, en
una relación de manos sudadas que nunca pasaron más allá.
Digamos que mi anillo de compromiso vino colgado a un
enorme oso de peluche. Y me gustó el oso más que el anillo.
Durante ese verano, Ray y yo fuimos a Acapulco con mi mamá
y sucedió algo sorprendente: Se me amplió el mundo. Allí
había hermosas playas y grandes palmeras y, lo más importante, muchísimos otros muchachos. ¿Y yo estaba comprome-

tida? No por mucho tiempo. Un día en la playa le di la noticia:

"Creo que ya no me quiero casar ¿OK?"

El pobre Ray no lo tomó muy bien. Se paró y tiró el anillo de compromiso al océano. Por lo tanto, siempre pensé que debía haber por ahí algún pez, cerca de la costa de México, con un pequeñísimo diamante en su barriga.

ME GRADUÉ del colegio en 1973, aún con grandes sueños de convertirme en diseñadora de modas. Pero mi problema era el siguiente: Había consultado a varias asesoras escolares sobre dónde podía ir para estudiar diseño de modas y todas me contestaron lo mismo—a la Escuela de Comercio. Eso no era lo que yo quería oír. Quería que me dijeran a "USC" o a "UCLA." La idea de una escuela de comercio era deprimente y el mundo de la moda y la belleza todavía tenían un atractivo mágico para mí, así que decidí ingresar a ese mundo.

No me di cuenta de que mi primera oportunidad vendría en la forma de un concurso de belleza. ¿En un concurso de belleza? ¿Yo? No quería tener nada que ver con eso. Pero ante la insistencia de mis hermanas y de los amigos de la familia, entré al concurso de belleza de Miss México de Los Ángeles. El nombre que aparecía en mi banda no tenía esa sonoridad mexicana. Decía "Miss Miller." Mi patrocinador, un promotor y querido amigo de la familia, llamado Tony de Marco, manejaba las relaciones públicas de la Miller Brewing Company. Era bien conocido en la comunidad y también era el manejador de la estrella de béisbol Fernando Valenzuela. Quedé de segunda princesa en el concurso. Lo más importante fue que pude mostrar mi talento como diseñadora de modas. Para el concurso de talentos, monté un mini desfile de modas con trajes originales que simbolizaban las cuatro estaciones. Después de eso, participé dos veces en el concurso de la "Reina de la Hispanidad," y en ambas oportunidades quedé de primera princesa. Ahi terminó para mí el circuito por los concursos de belleza. Esa época me ganó dos coronas pero también me dio algo más importante: una gran dosis de confianza en mí misma. En el escenario, poco a poco fui perdiendo la timidez que me había atenazado durante mis años de estudiante.

Perder la timidez fue bueno, pero para mis padres fue una decepción porque también despertó la rebeldía que había en mí. Me convertí en una persona inquieta, que protestaba contra las normas estrictas reglas que imponía mi padre. A los diecinueve años, quería independizarme. Por un capricho, me fui a México. Fui a vivir con mis primas Lila e Hilda Deneken, y con mi Tía Conchita. Pasé seis meses a la deriva en la capital. No podía conseguir trabajo porque según las normas mexicanas mi español era muy malo, y no tenía papeles para trabajar.

Por lo tanto, no hice nada. Seis meses más tarde vino a la ciudad el marido de mi hermana Tina, Jorge Rossi, en un viaje de negocios y me dio la siguiente noticia:

"Tus padres están sufriendo muchísimo. Tu mamá dice que morirá si no vuelves a casa."

Yo no quería volver, pero sus palabras me decían que lo hiciera. Volví a casa.

Entré a trabajar en una fábrica de ropa y me matriculé en unas clases de mercadeo y comercio en el East Los Ángeles College. Volví también al campo que más conocía en ese entonces: el circuito de los concursos de belleza, no como concursante sino como organizadora. Me asocié con Tony de Marco y comencé a trabajar como maestra de ceremonia en concursos de belleza y en eventos comunitarios especiales, como el Desfile del 5 de Mayo en Disneyland. A través de estos eventos me formé una idea de lo que era la vibrante comunidad de organizaciones sin ánimo de lucro para las clases trabajadoras de Los Ángeles. Años después, esos grupos desempeñarían un importante papel en promover mi carrera como reportera y presentadora de un programa de noticias de televisión, abriéndome las puertas hacia los corazones de los méxico-americanos de Los Ángeles. Pero ser periodista de los medios de comunicación era algo que estaba muy lejos de mi mente en ese entonces. No quería ser Bárbara Walters. Quería ser Margarita O'Farrill.

* * *

MARGARITA O'FARRILL, la innovadora mujer de negocios y decana de la Escuela de Glamour que llevaba su nombre, era un ícono de la comunidad y la mamá de mi buena amiga Maggie. Dirigía una exitosa academia en la que se dictaban cursos de modelaje, moda, higiene, cultura y etiqueta. Le llamábamos escuela de personalidad. Margarita era hermosa y elegante, una afirmación andante, siempre con la frase inspiradora precisa, como una que yo saborearía durante años.

"No hay mujeres feas," decía, "solo mujeres que no se arreglan."

Esta era su filosofía. Si te ves bien, te sentirás bien contigo misma. Y cuando te sientes bien contigo misma puedes hacer cualquier cosa. A veces no buscamos lo que realmente queremos porque creemos que nunca lo vamos a conseguir. Eso era lo que solía predicar: Elimina de tu vida los obstáculos que te hacen fracasar, ya sea la negatividad, una persona en especial, lo que sea. Ella estaba convencida de que la belleza provenía del interior, del pozo de confianza en sí misma que cada mujer podía explotar, sin importar cuales fueran sus circunstancias sociales. Y quería que trabajara para ella dando clases de maquillaje en una de las escuelas de personalidad. Yo tenía entonces veintidós años y me sentí honrada. Me consideraba experta en maquillaje y generalmente usaba a mis hermanas, a sus amigas e inclusive a las muchachas que venían a cuidar a mis sobrinos, como mis conejillos de indias.

Mis clases fueron un éxito. Margarita quedó tan contenta que me ofreció un gran ascenso. Me pidió que manejara una de sus escuelas y que lanzara un programa para adolescentes. Acepté de inmediato. Abrimos una escuela en el valle de San Fernando y comenzamos las clases para las jovencitas en las tardes enseñándoles modales e higiene personal. Yo hacía visitas a las escuelas parroquiales y negociaba con los sacerdotes.

"Organizaré un desfile de modas para su baile escolar si me permite ir a sus aulas y distribuir folletos de mi escuela a las niñas."

Rápidamente tuvimos un boom en nuestra población estudiantil. Sin cumplir aún los veintitrés años, me sentía como una exitosa mujer de negocios.

Sin embargo, tal vez mi principal sensación de logro la obtuve cuando empecé a dictar clases a un grupo de mujeres inmigrantes, pobres, algunas analfabetas en su mayoría, que habían descubierto nuestra escuela. Venían durante el día, mientras sus esposos trabajaban. La escuela era un secreto que ocultaban muy bien a sus hombres controladores y machistas. Según decían, sus esposos nunca les permitirían aprender algo nuevo porque no querían que sus mujeres fueran más inteligentes que ellos. Era evidente que los hombres las dominaban por completo, las trataban como objetos sin valor, en algunos casos las golpeaban. Pero el mayor obstáculo de estas mujeres no era la desaprobación de sus esposos sino su propio temor de saber demasiado.

"¿De qué me sirve aprender todo esto si mi esposo no sabe cómo comportarse en un ambiente social?" me decían al comienzo. "Sólo lo haré sentir incómodo."

Pero a medida que fue pasando el tiempo, esa actitud desapareció. Vi cómo las mujeres iban adquiriendo más aplomo, eran más abiertas y más sociables. Para cuando llegó el momento de la graduación, subieron al escenario como supermodelos, radiantes ante la escasa concurrencia. Sus maridos, sin sospechar nada, estaban trabajando.

Esas clases demostraron ser también un importante curso para mi confianza en mí misma. Las interminables preguntas que me hacían me obligaban a practicar mis habilidades de improvisación, a expresar mis ideas de manera espontánea ante un auditorio inquisidor. Aprendí a pensar de pie, de forma rápida y concreta. Por lo tanto, en cierto sentido, Margarita fue responsable de prepararme para mi carrera como presentadora de un noticiero. También fue responsable de otro capítulo menos exitoso de mi vida. Me presentó a un hombre que se convertiría en mi primer esposo, un locutor de radio llamado Eduardo Distell.

Me atrajeron su simpatía y su gran sentido del humor. En

muy poco tiempo, formamos un excelente equipo en el circuito de eventos especiales, donde con frecuencia Eduardo hacía el papel del anunciador. Por él aprendí todo sobre el trabajo en la radio—la mecánica, la cultura, y los dramas tras bambalinas. Lo visitaba con tanta frecuencia en la estación KLVE (K-LOVE, Radio Amor) que me sentía como en mi casa. No pasó mucho tiempo antes de que yo también empezara a trabajar en la radio, en Radio Express, como locutora, trasmitiendo boleros románticos mexicanos en mi propio show y leyendo copias de teletipos sobre últimas noticias. Disfrutaba el trabajo en la radio, pero el papel de locutora no me interesó por mucho tiempo. Me llamaba más la atención el plano general, especialmente lo que ocurría en el Departamento de Ventas y Mercadeo de la estación. Me sentía atraída por el creciente mundo de la publicidad hispana y sus posibilidades iniciales. Eso es lo mío, pensé.

Desafortunadamente mi matrimonio con Eduardo fue un callejón sin salida. Duró apenas año y medio. De repente la estación me pareció más pequeña que nunca, demasiado pequeña para los dos. Quería alejarme de él tanto como fuera posible. Pero estaba desgarrada entre dos fuerzas—quería permanecer cerca del negocio. La radio me había abierto un nuevo mundo que me intrigaba, un mundo que giraba en torno a un excitante mercado en continuo crecimiento, en torno a una población que hablaba mi idioma y entendía las sutilezas de mi cultura. Este era mi futuro, podía sentirlo. No estaba dispuesta a dejarlo atrás, por mucho que necesitara alejarme de Eduardo.

Entonces, cuando supe que la principal estación de televisión en español KMEX tenía una vacante para la presentadora de su programa de asuntos comunitarios de la tarde *Los Ángeles Ahora*, vi que se abría mi oportunidad. Pensé que sería un excelente trabajo de medio tiempo que me ayudaría mientras exploraba mi principal área de interés—la publicidad. Un programa de televisión podría ser una vitrina para esos grupos comunitarios de bajos ingresos que estaba llegando a conocer tan bien. Además, a la vez que era un reto que me agradaba, no era un trabajo que exigiera tanto tiempo como para obligarme a abandonar mi trabajo de radio. O, al menos eso pensé. De cualquier forma, cuando la estación hizo un casting para una presentadora bilingüe con la fluidez suficiente, no veía la hora de participar en la audición.

Para mi sorpresa, devolvieron mi llamada y me contrataron. Esas fueron las buenas noticias. Pero al poco tiempo me llegaron las malas: No sólo tendría que abandonar mi trabajo en la radio, sino que tendría que asumir también toda una serie de responsabilidades que jamás imaginé que entrarían en el contrato. Así es, tenía que ser la nueva presentadora del programa de asuntos comunitarios. Pero ésta era la sorpresa: tendría que ser también reportera y presentadora del noticiero de la tarde de KMEX.

Los Ángeles Ahora, sin duda. Y mucho más.

TRES

¿Canal Treinta y QUÉ?

El primer día de mi carrera en televisión comenzó con un aluvión de hechos que me regresaron a la realidad. Tal vez suene trivial, pero mi peinado estaba totalmente fuera de lugar. Ondulado y alocado. Perfecto para trabajar en la radio, al igual que mi vestuario, cómodo y sencillo. Pero mi sentido de la moda, agudo como pensaba que era, estaba orientado a otro mundo. Yo era una voz, no una cara y una figura. Pero ese era el problema: la imagen que veía reflejada en el espejo me gritaba prácticamente "FM." No me parecía en nada a la forma como supuestamente deben verse quienes trabajan en televisión. Por otra parte ¿qué sabía yo de televisión? Había hecho un par de comerciales locales, pero eso era todo. De manera que me cambié de ropa y me alisé el pelo con el secador, todo mientras intentaba imaginar la situación de tres trabajos en uno que me esperaba en KMEX, Canal 34. El programa de asuntos comunitarios era de por sí una proposición abrumadora, sin las responsabilidades adicionales de ser reportera y presentadora de un noticiero de horario estelar.

María Elena Salinas reportando desde los estudios de... *KMEX, Los Ángeles.*

El tono cantado en ritmo de jazz resonaba en mi cabeza mientras alisaba mis rizos producto del permanente. Me gustaba cómo se oía.

... reportando desde Los Feliz, desde el Este de Los Ángeles, desde San Fernando, María Elena Salinas, Noticiero 34...

Eché mis hombros hacia atrás y aclaré mi garganta, luego ensayé decirlo para ver cómo se oía y entonces quedé aterrada. No salía nada. No sonaba la potente voz de televisión. Ni un sonido. No tenía voz. Tenía laringitis. Mis nervios de punta habían silenciado la nueva voz de KMEX.

Era el 9 de abril de 1981, en la ciudad de Los Ángeles, en un día fresco y brillante. Al otro lado de mi ventana, una ciudad de inmigrantes, una población en su mayoría ignorada e indocumentada, comenzaba a despertar, alimentando una pujante economía informal. Su idioma "extranjero" se colaba por cada rendija de Los Ángeles, pasando por las colinas y los valles, por los céspedes meticulosamente cuidados de Beverly Hills, por los impecables jardines de flores y por las cocinas que despedían fragantes aromas de Oaxaca, Sonora y Guanajuato, inclusive de San Salvador y de Chichicastenango. Los comerciantes de los puntos más venerables de las calles de Los Ángeles, la calle Olvera, Alameda, Brooklyn Avenue, Whittier Boulevard, abrían sus puertas para sus primeros clientes de la mañana. Y el ritmo de su actividad sólo se escuchaba dentro de los límites de la comunidad y en las ondas del Canal 34. Ah sí, de vez en cuando se escuchaba algo en KCBS, KABC o KCLA, recogido por cualquier alma desafortunada que se encontrara asignada ese día a la poco grata tarea del llamado "taco beat." Pero las personas de esta comunidad, prácticamente ignoradas por los medios de noticias tradicionales, constituían el dominio y el orgullo de KMEX, la pequeña estación de UHF que ellos llamaban "Nuestro Canal 34." Era la mayor de un grupo de estaciones pertenecientes a y manejadas por la Spanish International Network, SIN, que años más tarde se convertiría en Univisión. El término "Network" o cadena es demasiado ambicioso para esa primera serie de humildes filiales de Los Ángeles, San Antonio, Miami y Nueva York, para telenovelas mexicanas y noticieros internacionales importados, *24 Horas*. La red nació a comienzos de la década de los 60 con cuatro estaciones conectadas por satélite. Para 1980, había reunido setenta y seis filiales. Cinco años después, SIN tenía 364 filiales, entre afiliadas y repetidoras, una cifra que se consideraba astronómica para ese entonces. (¿Quién hubiera podido predecir que el número de filiales de Univisión llegaría a más de 1.500 en la actualidad?) Consciente de las enormes cifras en 1985, el periódico *Christian Science Monitor* informó una proyección de $55 millones para los ingresos de SIN de ese año por concepto de publicidad, un considerable incremento comparado con los $15 millones de 1980.

Cuando comencé en KMEX en 1981, nuestra operación tenía un presupuesto tan bajo que escasamente quedábamos registrados en el radar del movimiento de los medios de comunicación. Durante años, cuando llegábamos a cubrir las grandes noticias o pedíamos entrevistas con figuras destacadas nos recibían sorprendidos con la pregunta "¿Canal treinta y QUÉ?" Teníamos que explicar que trasmitíamos en español y que deseábamos entrevistar el vocero de la entidad que pudiera comunicarse en ese idioma con nuestra audiencia. Para sorpresa nuestra, sacaban al barrendero o a algún otro empleado del más bajo nivel. Parecía no importarles que para ese entonces Los Ángeles tuviera más hogares de habla hispana que ningún otro mercado de los medios en la nación. Y no nos sintonizaban tan sólo para ver una versión distorsionada de las noticias. Las personas que aparecían en nuestra pantalla no se limitaban a latinos esposados, o metidos en algún problema con la ley. Nuestra audiencia nos sintonizaba porque se veía reflejada en los rostros que aparecían en sus televisores y entendían el idioma. Yo lo sabía cuando entré a trabajar en este nuevo medio y eso fue una de las cosas que me llamaron la atención. Quería hacer reportajes para ellos y desde su punto de vista.

Pero ese primer día cuando me presenté en la sala de noticias, me sentí bastante inútil como reportera, por no decir como presentadora y ancla. Estaba ansiosa por conocer a los otros reporteros; luego me enteré de que sólo había un reportero en la nómina y de que yo sería la "otra reportera." De todas formas, observé a este reportero, Mario Lechuga, un hombre mayor, con un bigote estilo Pancho Villa, mientras montaba una historia, armando la narración con trozos de sonido. Utilicé mis primeros días de trabajo "mudo" para familiarizarme con el entorno. Mi voz tardó dos semanas en recuperarse. Cuando lo hizo, me arriesgué con un par de informes meteorológicos. *Esto lo puedo hacer*, pensé. Pero muy pronto, las lloviznas de mi nuevo cargo se convirtieron en una tormenta.

Entrar sin ruido a ocupar la silla de presentadora de *Los Ángeles Ahora*, el programa de relaciones comunitarias de la estación que se trasmitía en vivo de lunes a viernes a las tres de la tarde, resultó ser mi primer gran reto. Asuntos comunitarios era el fuerte del Canal 34 y lo que lo "diferenciaba" de las demás estaciones de televisión, puesto que llegaba a los hogares de los latinos de Los Ángeles. Sólo unos años después, el haber llegado al corazón de esta audiencia absolutamente fiel le representaría a KMEX un rating que no sólo competía con los canales en inglés sino que a veces lo superaba. Se trataba de una confianza fundada en una hora de servicio público. El alimentar y fortalecer la relación entre la estación de televisión y nuestra comunidad sería una de mis más preciadas responsabilidades, una que desempeñaría por seis años.

El aspecto de las noticias era otra historia. Tenía que hacer al menos dos reportajes por día además de preparar mi libreto para el noticiero. La cámara del set de noticias me petrificaba. Me apuntaba como una máquina de rayos X. Me moría de la pena de levantar la vista del libreto. Sí, teníamos un teleprompter, pero nadie sabía cómo manejarlo. Por lo tanto, me limitaba a leer mi guión, mirando de reojo de vez en cuando hacia la cámara para enfatizar alguna frase.

Mis compañeros presentadores eran Eduardo Quesada, un reportero veterano, y Paco Calderón, un oficial de policía que se había convertido en locutor. Paco era también director de noticias, un hombre que iba directo al grano, con poca paciencia para historias demasiado largas. Su forma de editar los reportajes de los novatos era brutal. Pobre de mí si le presentara un reportaje que durara treinta segundos más de lo que él había pedido—simplemente les recortaba el final. Como resultado, muchas de mis primeras historias tendían a terminar de forma abrupta a mitad del punto culminante.

"Pero tengo tanto que decir," protestaba.

Esperaba en vano que me dieran algunas pistas útiles o algunas palabras de sabiduría periodística. En cambio, Paco me decía simplemente que lo dijera más rápido.

"¡Si te pasas de dos minutos, te corto!" era su advertencia usual.

¿Cómo podía limitar todas mis historias a dos minutos? Sobra decir que me sentí bastante frustrada con la situación, pero sin embargo, ¿cómo podía esperar perlas de sabiduría de una persona que había puesto a una novata como yo en el escritorio del presentador principal? Dios bendiga a Paco Calderón y a su estilo SWAT hacia el noticiero. Al lanzarme dentro de esa locura me enseñó la parte más emocionante del mundo de las noticias, la carrera diaria contra el reloj para captar, descifrar y trasmitir los acontecimientos del día a la audiencia. La noticia de última hora, como lo pude aprender, es una labor sin compasión porque jamás espera a que uno recobre el aliento. *En qué me metí*, pensé después de mis primeras dos semanas en ese trabajo. Estaba atrapada. Quería aprenderlo todo sobre el periodismo, así que me registré en un programa de periodismo electrónico del *Extension School* de UCLA. Una cosa que aprendí mientras crecía es que lo que sea que uno vaya a hacer en la vida debe hacerlo lo mejor que pueda. Si se trata de ser costurera, hay que ser la mejor. Si se es trabajador de limpieza, se debe tratar de ser el mejor limpiador. Así que me dije que si quería ser una periodista de medios de comunicación, tenía que hacerlo bien. Me obsesioné con las noticias. Veía cada noticiero que podía, devoraba los periódicos y las revistas de noticias. Recién divorciada, vivía sola en un apartamento de un solo cuarto. Eliminé de mi vida todas las distracciones. Vivía, respiraba y comía noticias. Entré a la organización California Chicano News Media Association (Asociación de periodistas Chicanos de California) y no sólo estuve en la mesa directiva, sino que fui miembro activo de su comité de medios en español. Trabajé hombro a hombro con José Lozano, cuya familia era la dueña del periódico *La Opinión* de Los Ángeles, organizando foros comunitarios. Enseñábamos a las organizaciones sin ánimo de lucro cómo hacer el mejor uso de los medios y cómo comunicar sus mensajes.

Este trabajo encajaba muy bien con mi programa de asuntos comunitarios, que promocionaba las ferias de salud, las oportunidades de empleo, las campañas para recaudar fondos y los eventos culturales. El único tema al que me oponía en cierto modo era el de los mensajes periódicos contra el cigarrillo que nos traían los representantes de la American Heart Association (Asociación Americana del Corazón), quienes insistían en mostrar imágenes gráficas de pulmones ennegrecidos y de trasmitir severas advertencias sobre el cáncer. Eran muy amables, pero sus campañas tenían el efecto opuesto en mí. Era una fumadora empedernida y durante los comerciales, me disculpaba y salía a fumar—y fumar y fumar. Me tomó años llegar a hacerles caso a sus advertencias y romper el hábito.

Las conferencias de prensa me producían casi el mismo nerviosismo. Durante años, fui demasiado tímida para hacer preguntas. Me limitaba en cambio a tomar notas. Solía sentarme en la parte de atrás del Club de Prensa de Los Ángeles y observar a esta reportera rubia, extremadamente alta, de la KCBS mientras trabajaba en la sala y hacía excelentes preguntas. Su nombre era Paula Zahn. Todas las noches oía su noticiero para ver cómo había armado su historia. (A propósito, la presentadora de KCBS era Connie Chung.) Comparaba sus historias con las mías y sus preguntas con las que me venían a la mente. Después de un tiempo, me di cuenta que mis preguntas no eran tan tontas como yo pensaba que eran. Aceptarlo fue algo que mejoró considerablemente mi confianza en mí misma.

Unos pocos meses después de haber empezado a trabajar en KMEX, nos llegó un nuevo jefe, Pete Moraga, un periodista veterano y lo mejor que me había pasado como periodista novata. Era inteligente, experimentado y un excelente juez de talentos. Su primer orden de trabajo tuvo que ver conmigo.

"Lo primero que voy a hacer es despedir a esa presentadora," se dijo, cuando me veía al aire.

Lo adoré. *Que en paz descanse.*

No, Pete no me despidió, pero sí me sacó del noticiero como presentadora. Se dio cuenta de que me habían puesto en ese cargo sin la menor experiencia. Me dijo que me centrara en ser buena reportera. Y, con Pete como mi mentor, eso fue lo que hice. Había trabajado en *La Voz de América,* como agregado de prensa en México y Perú, como comentarista de radio en Los Ángeles. Y ahora sería mi primer verdadero profesor de periodismo. Solía bombardearlo con preguntas acerca de la estructura de la historia y de las noticias en general.

"No estoy segura de que realmente entienda cuál es el punto de esta historia," le diría una y otra vez.

"Está bien, está bien, calma," me decía. "Ahora, dime qué dijeron en la conferencia de prensa."

Yo le contaba el núcleo de la historia, a lo que él inevitablemente respondía:

"Bien, dilo así."

"¿Así cómo?"

"Como lo que me acabas de contar—esa es tu historia."

Pete era un gran director de noticias pero era duro como las puntillas. Cuando pensaba que el personal no estaba dedicando el suficiente esfuerzo a escribir sus propias historias en español, canceló el servicio de cable mexicano Notimex, el único servicio de cable que recibíamos en español.

"No quiero que arranquen y lean. Quiero que informen las noticias, que las interpreten, que cuenten la historia, que las redacten ustedes mismos."

Aproximadamente un año después de entrar en KMEX, Pete me puso de nuevo como presentadora principal del noticiero. Ya estaba lista para dejar de mirar mi libreto y ver directo a la cámara.

Debo haber hecho algo bien porque un par de años después me contactaron de la poderosa KCBS. La estación buscaba una reportera hispana para cubrir los temas hispanos. Muchos latinos que se esforzaban por entrar al medio debían haberse sentido ofendidos por el así llamado *taco beat*. Pero para mí fue un honor pensar que una de las grandes filiales de Los Ángeles al fín fuera a cubrir a la minoría de mayor crecimiento en la ciudad dándole importancia de verdad. Por lo tanto, grabé una audición para ellos. Aunque finalmente no me dieron el trabajo, al director de noticias le gustó lo que yo hacía, pero cuando llegó el momento de que el gerente general decidiera, él pasó. Su conclusión, según mi abogado que estaba negociando el acuerdo: yo no tenía los rasgos étnicos suficientes y sonaba *demasiado* étnica.

"Su acento sería un insulto para nuestra audiencia general," dijo, según me contaron.

El insulto fue para mí. Estaba orgullosa de ser totalmente bilingüe. En cuanto a mi apariencia "no étnica," sólo puedo decir que me parezco a mis padres mexicanos. La estación contrató a una joven de pelo negro largo y ojos cafés. Hablaba inglés sin acento—si hablaba o no español no importaba. Lo curioso de este episodio es lo siguiente: Uno de los presentadores de KCBS en ese momento hablaba con un fuerte acento británico. Nunca entendí por qué un acento podía ser considerado sofisticado y atractivo mientras que otro se consideraba ofensivo. Hasta ahí llegaron mis efímeros sueños de cruzar la barrera.

A final de cuentas, pensé, *fue una suerte para mí.* Tuve la oportunidad de viajar por el mundo y cubrir eventos históricos, cumbres de súper potencias en Moscú y en Washington, elecciones en América Latina, desastres naturales, guerras, visitas papales. Lo más importante, pude ver de primera mano una de las historias más dramáticas de mi generación: el incontenible crecimiento de la población latina cambiaría el rostro y, sí, también el acento de Norteamérica. La ola de inmigración de latinoamericanos tenía una fuerza desenfrenada. No sólo trasformaría las ciudades norteamericanas sino el mercado y, con éste, la industria de las telecomunicaciones.

Cuando comencé mi carrera en televisión, la población hispana de los Estados Unidos alcanzaba catorce millones. En la actualidad son aproximadamente cuarenta millones con un poder adquisitivo que ha superado los seis mil millones. A veces, observando desde dentro esta explosión, la experiencia ha sido abrumadora. Las cifras traen con ellas los ecos de esas tierras que he llegado a conocer muy bien en mis viajes por América Latina, al igual que las frases y los dialectos que haría resaltar la América autóctona.

Pero esta es la parte frustrante: Esas crecientes cifras no se traducían en una adecuada representación de los hispanos en la sociedad. Una minoría hostil y poderosa de activistas antiinmigrantes se ocupó de que así fuera, atacando sin cesar a la creciente población hispana. A su vez, demasiados latinos parecían ignorar por completo su potencial para crear una fuerza política. Sin embargo, las cifras eran una realidad y sintonizaban los canales de televisión en español.

No podría decir cuántas veces he escuchado a los supuestos profetas de la industria de los medios de comunicación declarar que esto era solo una tendencia pasajera y que no había futuro en la televisión en español. "Eventualmente los hispanos se asimilarán y la televisiónn en español simplemente morirá," decían, y agregaban, "Realmente deberías cambiarte a las noticias en inglés."

Por una parte tenían razón pero no del todo. Los hispanos sí se han asimilado pero, para ellos, esto no significó dejar atrás su lenguaje y sus costumbres culturales. Aún sus hijos, nacidos en los Estados Unidos, tarde o temprano se contagian de esa fiebre por sus "raíces" y se sumergen en la herencia de sus padres, aunque solo sea para una canción folklórica, una atragantada de enchiladas o una típica camisa guayabera. Es inevitable.

Hice caso omiso de los que me aconsejaban que no me quedara y me quedé. Por lo tanto, a medida que mi población fue creciendo, crecieron también los medios en español y yo fui creciendo como reportera de noticias.

Por muchas razones, no tuve más alternativa. Muy temprano en mi carrera, había visto el predicamento de esta población, la carencia de poder político. Me di cuenta de que quienes estábamos en los medios en español teníamos una enorme responsabilidad de llegar a nuestra audiencia no solo para mejorar nuestro *rating* sino para ayudar a su supervivencia. Cada sala de noticias en los Estados Unidos tiene sus retos. Pero cuando hay millones de televidentes que vienen de un país extranjero y hablan un idioma distinto al de la mayoría de los norteamericanos, los retos que se enfrentan son muy distintos. La audiencia hispana en los Estados Unidos tiene temas específicos que quieren ver analizados en sus pantallas. Quieren una mezcla de noticias, titulares de sus países de origen, pero también información vital acerca de su nuevo país adoptivo. Quieren entender los cambios políticos y cómo estos afectan a sus familias, a las leyes de inmigración y a los sistemas de servicio social, salud y educación. Quieren saber cuáles son sus derechos y cómo pueden participar social y políticamente en sus comunidades.

Es cierto que una gran parte de nuestra población ha nacido y se ha criado en los Estados Unidos. Pero son inmigrantes que han logrado gran éxito como profesionales y líderes en el campo de los negocios, las leyes, la medicina, las artes, los deportes, la educación, lo que sea. Pero nuestra audiencia base es pobre y en gran medida es de origen humilde. Necesitan conocer los aspectos básicos, cómo matricular a sus hijos en las escuelas, cómo buscar atención en los hospitales, cómo poder acceder a los recursos que están allí disponibles para ellos. Muchos son elegibles para recibir servicios que ni siquiera saben que existen.

Cuando comencé a trabajar en KMEX, los latinos equivalían a cerca del 25 por ciento de la población de Los Ángeles, sin embargo no tenían ningún poder ni representación política. No había hispanos en ninguna de las juntas locales importantes—el Concejo Municipal, la Junta de Supervisores, la Junta de Educación. Y así como los latinos alcanzaban cifras mayoritarias en áreas claves de la ciudad, el Concejo Municipal nos propinó un golpe devastador en septiembre de 1982. Por votación unánime, el Concejo aprobó un plan de redistribución de distritos electorales que diluía las zonas de mayoría latina, más específicamente en el Distrito 14 que cubría partes significativas del Este de Los Ángeles. El Concejo recortó áreas hispanas de la parte norte del Distrito 14 y las desplazó al distrito que representa el valle de San Fernando. Además, el Distrito 14 perdió también un bloque vital de electores cuando la ciudad dividió el proyecto de vivienda pública para los latinos en el extremo sur y simplemente lo asignó a otro distrito.

No era de sorprender, por lo tanto, que un veterano del Concejo llamado Art Snyder, un político irlandés de la vieja escuela, pudiera retener el distrito del lado Este a pesar de su creciente hispanidad. Con su inconfundible pelo rojo, Snyder era una figura familiar y bien aceptada en las calles del Este de

Los Ángeles—lo llamábamos "El Colorado." Y estaba decidido a quedarse. Se agarró de su curul aunque como joven arquitecto urbano de El Sereno, Steve Rodríguez se postuló para ocupar ese cargo en las elecciones distritales de 1983. Rodríguez, que había llegado a los titulares en 1979 cuando el presidente Jimmy Carter se quedó en su casa durante una visita a Los Ángeles, le dio a Snyder una buena pelea. Le faltaron cuatro votos para derrotarlo. Si Rodríguez hubiera ganado, se habría convertido en el primer concejal hispano de Los Ángeles en veintiún años. Pero gracias a la magia de la redistribución del distrito, no lo logró.

Art Snyder permaneció en su cargo hasta que renunció por razones personales dos años más tarde. Para entonces, el Distrito 14 tenía aproximadamente 200.000 residentes, tres cuartas partes de ellos hispanos. Sin embargo, escasamente 30.000 se registraron para votar. El principal bloque de electores seguía estando en el bastión inglés de Eagle Rock.

Cuando el curul de Snyder quedó vacante en 1985, Rodríguez se postuló de nuevo. En esta oportunidad su competencia era más fuerte que el viejo politico irlandés. La mayor amenaza provendría de un compañero latino, un experimentado legislador estatal de carácter fuerte de nombre Richard Alatorre. Rodriguez y Alatorre no podían ser más diferentes. Rodríguez era lo que se llama un *yuppie* mexicano, mientras que Alatorre, bien instalado en el establecimiento político, era una persona acostumbrada a las artimañas del mundo de la política, que vestía finos trajes italianos. Al final, derrotó a Rodríguez en forma contundente y se convirtió en el primer concejal latino de la ciudad en veintitrés años.

En un giro irónico apenas dos semanas antes de las elecciones, el Departamento de Justicia de los Estados Unidos había azotado a la ciudad con una demanda alegando una "historia de discriminación oficial" contra los hispanos. Los federales se enfocaron específicamente en el plan de redistribución del Distrito de Los Ángeles y acusaron a la ciudad de manipular la distribución de los distritos para dispersar intencionalmente al electorado latino y dividir su poder político.

En respuesta, el recién elegido Alatorre fue nombrado presidente del Comité Electoral del Concejo encargado de revisar el polémico plan de reasignación. Los distritos se diseñaron y rediseñaron y se prolongaron los debates sobre este tema durante varios años, a medida que crecía la población y que cada vez aparecían más nombres latinos en las curules del concejo.

Aquel día de las elecciones distritales de 1983 me enviaron a hacer un reportaje con entrevistas al azar en las calles para tratar de captar los sentimientos de los electores ante el prospecto de tener a un latino en el ayuntamiento. Caminé de un lado a otro de Lincoln Heights con mi fotógrafo, haciendo las mismas preguntas una y otra vez:

"¿Va a votar hoy?" "¿Qué opina de los candidatos?" "¿Por quién va a votar?"

Entrevisté quince personas antes de encontrar una que supiera que ese día había elecciones. La mayoría no tenía ni la menor idea, menos aún una tarjeta de elector registrado.

"¿Cuáles elecciones?" respondían. Tenía ganas de apagar el micrófono y explicarles una cuantas cosas para inyectarles alguna lógica.

"Cómo así que ¿cuáles elecciones?" Estas son LAS ELECCIONES. ¿Por qué no se registró? Comprendo que debía haber inmigrantes indocumentados que no podían votar, pero ¿cuál era la excusa de todos los demás? Más importante aún ¿cómo iba a armar una historia con una sola opinión?

Volví a la sala de noticias y me encontré con Pete Moraga.

"No puedo hacer esta historia," le dije. "Nadie sabe nada acerca de estas elecciones. A nadie le importa. Nadie está participando. No es noticia."

Pete me miró en una forma que no olvidaré jamás.

"Esa es la historia. Ahí la tienes, ante tus ojos. ¿Cómo puede haber un hispano en el ayuntamiento cuando sus constituyentes ni siquiera saben que hay una elección? Esa es tu historia."

Y, en efecto, esa era la historia. En ese momento me di cuenta de que había una enorme brecha entre esta población y el sistema de gobierno. Sí, esta población estaba totalmente aislada y sin una pizca de poder político era porque carecía de representación. Pero si le faltaba información, era por nuestra culpa. Como periodistas latinos, teníamos la responsabilidad de prestar un servicio a nuestros televidentes, lectores y oyentes, suministrándoles información esencial para sus vidas. Así podíamos ayudar a ponerlos en contacto con el proceso.

Esta es una convicción que ha guiado toda mi carrera. Algunos pueden criticarla y argumentar que como periodistas supuestamente no debemos tomar parte en las campañas políticas. De eso estoy plenamente consciente. No creo que debamos decirle a la gente por quién debe votar, pero sí creo en informarle que debe votar y en darle lo que requiere para tomar una decisión informada.

Después de esa elección de 1983 me dediqué a mi trabajo como presentadora de *Los Ángeles Ahora*, con mayor determinación. Poco a poco la reacción que recibía de la calle me indicó que estábamos haciendo algo bien. Fue muy agradable cuando alguien se me acercó y me dijo, "Tengo este trabajo porque lo vi en su programa. Gracias." Sin lugar a dudas éramos un vínculo importante para la comunidad.

Admito que al principio me extrañaba cuando la gente en la calle gritaba mi nombre. Recuerdo a una pareja que hizo a su pequeña hija tomarse una foto conmigo. Yo me moría de la pena. Pensé, *no soy una actriz, ni una cantante, ni un personaje de farándula. Entonces ¿por qué me piden autógrafos?* Luego, alguien me dijo que si no posaba y firmaba autógrafos, pensarían que era arrogante.

"Debes responder a tu público. Recuerda que te ve en la televisión. Te ve de forma distinta a como tú te ves."

Entonces fui cediendo. Sin embargo, seguía siendo incómodo para mí, sobre todo cuando reporteros de canales en inglés me mataban con la mirada. De cualquier forma sabía que mi papel como reportera, y más tarde como ancla, sería distinto del de mis colegas de los medios en inglés. Quienes trabajábamos en los medios de habla hispana no solo teníamos la responsabilidad de cubrir las noticias sino también la de ayudar a toda una población que se sentía desconectada de los acontecimientos diarios de la sociedad norteamericana. A través de los años, esta ha sido una responsabilidad que he tomado muy en serio. Pasarían más de veinte años antes de que pudiera contemplar el tipo de representación política que mis primeros televidentes habían soñado. Pero lo hice, y con orgullo, el día que Antonio Villaraigosa se convirtió en el primer alcalde latino de Los Ángeles desde 1872. El día de verano que tomó posesión de su cargo lo acompañaban cuatro funcionarios hispanos de la ciudad: el fiscal, el secretario y dos concejales. Y como si fuera poco, tuve la fortuna de que Villaraigosa me invitara a que fuera Maestra de Ceremonias para ese histórico evento. Fue un día que escasamente hubiera podido imaginar a comienzos de la década de los 80 cuando hacía mis reportajes desde las líneas de la población invisible de la ciudad.

ME TOMÓ un tiempo cogerle el ritmo a mi nueva vida de reportera y presentadora. Pero eventualmente, a los cuatro años de haber iniciado mi carrera en televisión, lo logré. Y cuando lo hice, mi mundo se derrumbó. Mi padre se enfermó. Su estado se deterioró rápidamente y padeció una enfermedad que nunca había oído mencionar. Algo llamado vasculitis, una enfermedad inflamatoria de los vasos sanguíneos.

A medida que su salud empeoraba, trataba de estar con él todo el tiempo que podía. Dividía mi horario entre la estación y la casa de mis padres. Mi madre y yo nos preparábamos para lo peor mientras veíamos cómo mi padre perdía poco a poco su capacidad de caminar. Ya no podía asistir a los juegos de Los Ángeles Dodgers que tanto le gustaban. En cambio, los escuchaba por la radio.

Durante las seis semanas previas a su muerte en 1985, mi padre permaneció casi inmóvil en una cama de hospital conectado a las máquinas que le permitían vivir. A causa de una fuerte neumonía había sufrido un infarto que lo mantuvo en estado de coma por un par de días. Los médicos le dieron una probabilidad de uno por ciento de sobrevivir, pero nosotros nos aferramos a ese uno por ciento. Uno de mis colegas era un sacerdote cristiano y todos los días le pedía que orara por él.

"¡No rezas lo suficiente!" le decía cada vez que las noticias empeoraban.

Él me decía que hay que ser realistas. Las oraciones no son siempre para sanar a una persona, sino para pedir su descanso y un pase tranquilo al cielo. Pero yo no quería oírlo. Años después, llegaría a poner en duda la decisión de haber mantenido a mi padre entubado con vida durante tanto tiempo. ¿Estábamos prolongándole la vida o prolongando su agonía? Sin embargo, en ese momento, no podía soportar la idea de perderlo sin antes dar una buena batalla. Cuando los doctores nos dijeron que había una probabilidad de prolongarle la vida insertándonle un tubo en la traquea, aceptamos el procedimiento. Pero fue una decisión que llegaría a lamentar. En sus últimos días, vi cómo este hombre de Dios se desesperó hasta tal punto que escribió un mensaje críptico en un trozo de papel. "¡El Diablo!" escribió en una caligrafía desconocida y temblorosa, mientras señalaba el tubo que tenía en su garganta. Esa imagen me ha perseguido por años. Cuando al ya fallecido Papa Juan Pablo II le adaptaron un dispositivo similar, no pude dejar de recordar los infernales días finales de mi padre antes de que pasara a una vida mejor.

Y aún cuando, por fin, mi padre cerró sus ojos y descansó, permaneció en mis pensamientos y en mis luchas internas. A medida que mi carrera me fue llevando a distintos lugares y por distintas experiencias, me preguntaba constantemente lo que mi padre, el eterno estudiante de historia, diría de verme cubriendo una cumbre presidencial, un desastre natural o una visita papal. Me esforzaba por encontrar respuestas que rara vez llegaban.

"Papi, envíame una señal."

El Nacimiento de una Cadena de Televisión

KMEX era un canal pequeño, pero fue la operación principal de la Spanish International Network (SIN) traducida escuetamente a Cadena Internacional en español. "La Cadena," claro está, era un término relativo porque eran más los eslabones que faltaban que los que había, realmente, en la cadena SIN. Los enlaces reales eran San Antonio, Miami, Nueva York y Los Ángeles, todos establecidos por unos pocos visionarios. Mientras que la gente de las grandes cadenas nos menospreciaba y nos consideraba irrelevantes, los ejecutivos pioneros de la televisión en español evaluaron su audiencia y vieron en ella el futuro de la nación. Se trataba de una audiencia que estaba creciendo con rapidez y era incondicionalmente leal a los programas populares de bajo presupuesto, que veía en sus pantallas de televisión noche tras noche. Era una audiencia que no se preocupaba en absoluto por los ratings, por los programas lujosos, o por las mediciones establecidas para determinar el éxito en televisión. Lo que le importaba era la confianza, y podía confiar en las caras familiares y en los personajes que veía en sus programas favoritos, casi todos importados de México.

En los primeros días de la SIN, las estaciones compartían una relación de carácter más bien incestuoso con el zar de la televisión mexicana, el ya fallecido, entonces director de Televisa, Emilio Azcárraga Milmo. Como resultado de las relaciones de negocios, de la conveniencia y de la falta de fondos para desarrollar programación original, pasaban las noticias internacionales, las telenovelas y los programas de entretenimiento de Televisa. La relación demostró ser problemática, dado que las leyes de la FCC, Comisión Federal de Comunicaciones, prohibían la propiedad extranjera de estaciones de radio y televisión estadounidenses. En su danza de complicidad, estas estaciones y sus ejecutivos se consideraban poco más que simples frentes *"prestanombres"* para Azcárraga, como lo reveló una demanda legal que occurrió en los primeros cinco años de la década de los 80. La forma como surgió Univision de este escenario es una historia larga y compleja, un libro en sí misma. Pero la versión condensada es que Azcárraga y sus socios se vieron vender las estaciones en 1986. El comprador potencial era Hallmark, la compañía de tarjetas de felicitación de Kansas City, Missouri, que aceptó seguir comprando la programación de la SIN.

Para entonces, yo había aparecido un considerable número de veces en la cadena, ya fuera a través de historias, programas especiales o como reemplazo de conductora para la titular Teresa Rodríguez, conocida en ese entonces como Teresa Abate, co-presentadora del noticiero nacional, que había sido trasladado de Washington D.C. a Miami. Desde la posición segura en la que me encontraba, alejada de las luchas de poder y el drama legal que estaba trasformando los altos niveles de la cadena, encontré fascinante la diversidad contenida dentro de los canales de la SIN y de los comienzos de Univision. Tantos mundos diferentes—los puertorriqueños y los dominicanos en Nueva York, los cubanos y los nicaragüenses en Miami, los salvadoreños en Houston y Washington D.C. —todos pegados a las mismas telenovelas, todos contribuyendo a los mismos telemaratones de beneficencia y moviendo sus "colitas" a los ritmos populares de *Sábado Gigante*.

Estas culturas crecían y se fortalecían sin ser detectadas por el radar de las predicciones oficiales del censo estadounidense, de los estudios demográficos y del desarrollo del conocimiento experto de las grandes masas. Entre tanto, las personalidades de la televisión, en quienes tanto confiaban, aún no aparecían en el radar de la gran industria de los medios de comunicación. Pero nosotros, esos primeros reporteros y presentadores de la televisión en español, nos dimos cuenta, desde el comienzo, de lo que estaba por venir; vimos esa enorme ola que transformaría a los Estados Unidos. Y yo sólo quería encontrarme en su cresta.

Sin embargo, en 1986, antes de que se cerrara el negocio con Hallmark, un choque cultural estremeció a Miami. Quienes se encargaban de reclutar el personal para los noticieros de la cadena, molestos desde hacía tiempo por la influencia de Televisa, se enteraron de un rumor perturbador: los altos ejecutivos de Televisa pensaban enviar al presentador mexicano Jacobo Zabludovsky a Miami para que se hiciera cargo del noticiero de la cadena. La idea de tener que trabajar a órdenes de Zabludovsky quien, en su concepto, era la voz de Televisa y, por extensión, la voz del gobierno mexicano, desencadenó una rebelión. Liderado por del veterano presentador de noticias Gustavo Godoy, el personal del noticiero de la cadena estaba orgulloso de su estilo de reportaje agresivo y de su objetividad, conceptos extraños en ese entonces en México, donde el gobierno tenía control total sobre el contenido de los noticieros. Lo más probable era que, en el escenario de Zabludovsky, Godoy y otros altos ejecutivos fueran despedidos, sin mencionar el hecho de que se comprometería la credibilidad del noticiero. Por consiguiente, los miembros del personal de Miami respondieron el ataque al estilo Miami. Se lanzaron al aire en las emisoras de radio locales en español y alertaron a la población de exilados cubanos con este alarmante concepto: *Se dice que Jacobo Zabludovsky, la voz del gobierno mexicano, viene a Miami a tomarse nuestro noticiero.*

Si bien esta noticia de última hora puede parecer inocua, a primera vista, hay que considerar que muchos miembros de la comunidad de exilados cubanos detestaban el gobierno mexicano por sus estrechos lazos de simpatía con el régimen de Fidel Castro en Cuba. Las telenovelas mexicanas y los programas de variedades eran una cosa, pero este giro de los acontecimientos, que afectaba a los noticieros, era otra totalmente distinta. La furia de Miami, captada por la prensa nacional desde Nueva York hasta Los Ángeles, se difundió por todo el país y otras salas de noticias de la SIN. En la costa oeste, en donde pocos se preocupaban por el gobierno de Castro y sus aliados, la oposición a Zabludovsky fue igualmente fuerte, aunque por otras razones. En general, no confiábamos en los medios mexicanos por su tendencia progobiernista.

La revuelta de Miami fue un duro golpe para la cadena. Muchos de quienes trabajaban allí, encabezados por Godoy, dejaron la SIN y lanzaron la competencia: la Hispanic Broadcasting Corporation (HBC). Esa división sería un incidente que sacudiría mi carrera. Todavía era presentadora en el Canal 34, haciendo reemplazos ocasionales en la cadena. Mi colega de KMEX, Jorge Ramos, fue contratado por la cadena para codirigir un programa matutino llamado *Mundo Latino*. Me habían dicho que la cadena quería que fuera parte de aquel programa, que se presentaría desde Miami, Los Ángeles y la Ciudad de México. Pero mi gerente general, Danny Villanueva, se opuso a la idea. Yo había trabajado en el canal local durante seis años y todo lo que quería era ascender a la cadena. Me enfurecí con Villanueva. Iba camino a su oficina a presentar mi renuncia cuando me encontré con él en la escalera. Cuando vio mi expresión, puso su brazo sobre mis hombros.

"Supe que te dijeron que me había opuesto a la idea de *Mundo Latino*," comenzó, "¿sabes qué? Tú perteneces al mundo de las noticias. Eres una mujer de noticias. No quiero que hagas ese insulso programa."

Danny Villanueva era una persona que hablaba sin pelos en la lengua, un ex futbolista profesional que se había iniciado en televisión como cronista deportivo y ascendió hasta el cargo principal. Además, tal vez sin saberlo, era medio psíquico.

"Ese programa de todas formas no va a durar," me dijo. "Se cancelará y, entonces ¿qué pasará contigo?"

El hecho fue que acertó, aunque, naturalmente, en ese momento, ninguno de los dos lo sabíamos. Pero yo no quería oírlo, y su pequeño sermón para levantarme el ánimo, no hizo la menor mella en mi decisión de entrar a la cadena. Sí, era una mujer de noticias, pero quería progresar.

Entre tanto, Jaime Dávila, un alto ejecutivo de Televisa y el arregla-problemas de Azcárraga, intentó salvar lo que quedaba de la SIN ofreciendo atractivos contratos a quienes se habían quedado. Los ejecutivos de la cadena temían que la competencia recién constituida les robara los talentos que les quedaban. Su sospecha era correcta. En diciembre de 1986, poco tiempo después de que Gus Godoy organizara sus tropas en una espaciosa bodega de Hialeah, voló a Los Ángeles y se puso en contacto conmigo. Con esa afabilidad que admiraban sus reporteros, me hizo una oferta que no podía creer: un puesto como presentadora principal. Sería co-presentadora del noticiero de la noche, junto con un atractivo comentador uruguayo llamado Jorge Gestoso.

"Es el Peter Jennings latino," me dijo Gustavo. Un comentario acertado a la principal fanática de Jennings.

Gustavo me lo pintó como el trabajo de mis sueños, pero había un problema. Yo sólo había vivido en Los Ángeles, a excepción de los años de mi niñez que pasé en México. Toda mi vida estaba en el oeste—mi familia, mis amigos, mis raíces. ¿Qué me esperaba en Miami? Gustavo quería hablarme más al respecto y yo estaba dispuesta a escucharlo. Me sentía honrada de que creyera en mí. Por lo tanto, me fui para Miami, donde me presentó a uno de los propietarios de la nueva cadena, un ejecutivo financiero que no parecía tener más de dieciocho años. Si Gustavo era el amable y generoso director de noticias que me ofrecía la luna y las estrellas, Charlie Fernández era el contador de frijoles, totalmente desprovisto de sentido del humor, que me obligó a poner de nuevo los pies en la tierra.

"No sé por qué Gus le ofreció todas esas cosas," me dijo en tono seco. "No entiendo por qué tenemos que hacer todo esto por usted."

Con "todo esto" se refería a la cláusula de seguridad que mi abogado estaba exigiendo en la negociación del contrato. Pedíamos que la HBC me diera una garantia de contrato de tres años, en caso de que la cadena quebrara. Pensé que era una solicitud razonable. Pero el director de finanzas no estaba de acuerdo. Me trataba como si su compañía me estuviera haciendo un favor con sólo considerar mi nombre para el cargo.

Sin embargo, después de mucho pensarlo, aunque Charlie me tratara como un trapo, acepté la posición. Cuando volví a mi estación en Los Ángeles, fui a ver a Danny Villanueva y le presenté mi renuncia.

"He decidido ir a trabajar con Gustavo Godoy en la HBC," le dije. Villanueva se mostró indiferente.

"Está bien," me dijo, "pero sólo una cosa antes de que te vayas…"

Me dijo que Dávila, el arregla-problemas de Azcárraga, quería hablar conmigo. Así que, Villanueva llamó a Dávila, me puso en la línea y salió de la oficina.

Dávila fue directo al grano. Quería contratarme como presentadora del último noticiero de la noche de la cadena. Era una oferta interesante por dos razones: me demostraba que los altos ejecutivos de la cadena querían que trabajara con ellos y también me revelaba su deseo de separarse de todo el asunto de Zabludovsky. El nuevo programa reemplazaría el último noticiero de la noche en los Estados Unidos. El noticiero 24 Horas presentado entonces por la periodista mexicana Lolita Ayala, había sido de la época del dominio de Zabludovsky.

En términos muy amables le agradecí a Dávila su oferta, pero la rechacé. Me preguntaba por qué había esperado hasta que yo presentara mi renuncia para hacérmela. Me pidió que le diera un par de días. Quería viajar a Los Ángeles y presentarme a alguien. Está bien, pensé. Llamé a Godoy para decirle que la SIN quería hablarme y que pensaba que lo menos que podía hacer por ellos y por mí era escuchar y analizar todas mis opciones.

"Hazlo. Te entiendo perfectamente," me dijo. Pero me dio una fecha límite.

El lunes siguiente me reuní con Dávila de la SIN, en su suite del Hotel Beverly Hills. Después de hablar por un rato, se excusó y pasó a otra habitación. Regresó acompañado de un señor alto y distinguido.

"Quiero que conozcas al nuevo presidente de la cadena," me dijo Dávila mientras me presentaba a su acompañante. Era Luis Nogales, un méxico-americano educado en los Estados Unidos, que venia de un alto cargo en la agencia de noticias United Press Internacional. Este señor tenia importantes noticias: Zabludovsky ya no estaba en escena. Su antiguo noticiero, *24 Horas*, sería cancelado.

"Ya no vamos a importar periodistas de México," me dijo Dávila. "Queremos periodistas locales, de los Estados Unidos, personas como tú. Tienes un punto de vista que los mexicanos no tienen, porque tú creciste aqui."

Dijeron que traerían a una nueva directora de noticias que era una antigua editora extranjera de la UPI, llamada Sylvana Foa. Sería un comienzo totalmente nuevo para la SIN. Al fin, los efectos del oleaje de la presión inicial de Miami habían alcanzado a los altos ejecutivos de la cadena. Y allí, en un elegante rincón de Beverly Hills, estaba su futuro. Este era el punto que marcaba el cambio; y los nuevos directivos me invitaban a entrar a una nueva república, una que ya no estaría definida por los mexicanos de México, sino por los hispanoamericanos de Estados Unidos. Televisa se había dado cuenta de que podía exportar sus telenovelas, sus programas de entretenimiento y sus películas, pero que había algo que no podía exportar a los Estados Unidos: sus noticias.

El rechazo de su propia gente en los Estados Unidos fue un duro golpe para Azcárraga. Estaba acostumbrado a ser aceptado en todas partes. No sin razón lo llamaban "El Tigre." Si le impedían el acceso, lo podía comprar, porque era el hombre más rico de América Latina. Había pocas cosas que no podía tener. Y una de ellas era ésta—no podía comprar el respeto y la aceptación de una audiencia distinta para su departamento de noticias.

El salario que me ofrecía la SIN era bueno. Era sin duda mucho más de lo que estaba ganando en KMEX. Pero cuando le dije a Dávila que no era lo mismo que me estaba ofreciendo la HBC, no lo pensó dos veces.

"Lo igualaremos," dijo.

Y la mayor bonificación fue ésta: no tenía que irme de Los Ángeles, de mi hogar. Eso me convenció de aceptar la oferta de la SIN. Mi abogado, Jim Blancarte, tenía otra opinión. No pensaba que fuera justo rechazar la oferta de la HBC por la misma cantidad de dinero, entonces pedí a la SIN que mejorara la oferta de la HBC.

Mientras deliberaban los altos ejecutivos de la cadena mi nerviosismo aumentaba. La cuestión aún no se había resuelto cuando llegó la fecha de la fiesta de Navidad de la SIN. Mientras todos bailaban y bebían, yo no dejaba de llamar a mi contestador automático en busca de mensajes. Encontré tres mensajes de Gustavo Godoy desde Miami.

"María Elena, espero tu respuesta."

"María Elena, te doy una hora más."

"María Elena, si no me devuelves la llamada se cancela el negocio."

Pero las personas de la SIN seguían sin pronunciarse sobre el tema del salario. En la fiesta me encontré con mi abogado y él tampoco sabía nada.

Me fui a casa, todavía preocupada. Sonó el teléfono. No lo podía contestar. Sólo lo miraba fijamente. Dejé que respondiera el contestador. Aterrada como estaba, casi no reconozco la voz de mi abogado:

"María Elena, el negocio está hecho. Mejoraron la oferta de la HBC."

Me sentí aliviada, pero no estaba feliz. Me sentía mal por Gustavo. Lo llamé y le di la noticia. Me imaginé que se pondría furioso pero, al contrario, me respondió con palabras muy amables.

"Gracias por considerar mi oferta. Mis puertas estarán siempre abiertas para ti."

Fue así como me quedé y, en enero de 1987, lanzamos nuestro nuevo programa. Con un nombre totalmente nuevo, Univision, la cadena organizó una gran conferencia de prensa para anunciar que una méxico-americana de nacimiento, no una importación mexicana, sería la presentadora del último noticiero de la noche. Había esperado que la descripción de mi cargo incluyera muchas cosas, pero el arma de las relaciones públicas no era una de ellas.

Azcárraga no era el dueño de los canales, pero sí de la cadena, y quería proteger sus intereses. Todavía tenía en su equipo a algunas personas provenientes del fallido plan de Zabludovsky de meses atrás. Por lo tanto, decidió trasladarlos a California, junto con todo el personal del noticiero. No quería tener nada que ver con Miami—por el momento. (Como hecho irónico, Azcárraga no sólo llegaría a querer a Miami sino que moriría allí, en su yate, en 1996). Su grupo de ejecutivos y consultores de Televisa se mezcló con las nuevas personas traídas por Nogales. Este enfrentamiento de dos estilos y dos culturas diametralmente opuestas en su forma de presentar las noticias fue un violento choque de culturas, por no decir más. Si a esto se agregan las megadosis de cafeína que se consumía por las tardes, es una perfecta fórmula para el caos.

Sylvana Foa, nuestra nueva directora de noticias, recién llegada de la UPI, quizas sabía mucho sobre asuntos mundiales, pero no sabía nada de televisión. No entendía por qué necesitábamos tres cámaras en un estudio y dos máquinas de edición. La desconexión entre ella y el personal de reporteros era enorme. Aún peor era la lucha de poder entre ella y los ejecutivos del noticiero Televisa. Ellos venían y nos decían que hiciéramos las cosas de una forma y luego Sylvana venía y nos decía que las hiciéramos de otra. La rivalidad era intensa, y estábamos entre dos fuegos. No sabíamos en quién confiar ni a quien atender.

Entre tanto, continué mi amistad con los que se habían retirado de la SIN, en HBC y me agradó verlos en Los Ángeles durante la conferencia de la Asociación Nacional de Periodistas Hispanos (NAHJ, por sus siglas en inglés) que tuvo lugar ese año. Cuando supe que Gustavo estaba en la ciudad, lo invité a cenar. Gran error. Cuando llegamos al restaurante, un lugar mexicano en Melrose, nos encontramos con algunas caras inesperadas—mis jefes de Univision. A la mañana siguiente, me llamaron a la oficina de Nogales quien me propinó una paliza verbal. Me preguntó por qué salía a cenar públicamente con el enemigo. Era un acto de traición, me dijo en tono acusador.

"¡Insultaste y degradaste a la compañía!", me gritó.

Sus duras palabras me hicieron llorar. Traté de explicarle que Gustavo era un amigo, alguien con quien estaba agradecida y sentía que le debía como mínimo pasar un tiempo. Eso no le importó a Nogales. No podía ver más allá de la fiera competencia entre las cadenas.

Si bien entendía el disgusto de la compañía hacia los desertores, no comprendía por qué Nogales reaccionaba de modo tan exagerado a una inocente situación social.

"No te está permitido hablar con ellos ¿comprendes?" me advirtió.

Al día siguiente en la conferencia de la NAHJ, titubee

cuando vi a mi buen amigo Carlos Botifoll, uno de los desertores de SIN. Cuando se me acercó a saludarme, le lancé una
mirada que decía, *Ahora no*. Carlos se sintió herido, y dejó de
hablarme por mucho tiempo.

De nuevo en la sala de noticias, la tensión era insoportable. Durante un viaje a la costa este, me detuve en Miami, con
la esperanza de poder verme con Joaquín Blaya, el gerente
general del Canal 23 y un actor clave en Univision, para una
conversación privada. Su agenda estaba tan recargada que
acepté lo que pude obtener, unos pocos minutos en un apartado VIP con vista al Grand Prix de Miami.

"Señor Blaya, nuestro departamento de noticias se está
desintegrando. Alguien debe hacer algo." le dije.

Esto no le sorprendió. Ya sabía de la lucha de poder. Me
dijo que me quedara tranquila, que las cosas cambiarían. Y
efectivamente cambiaron. Poco después, Nogales se fue y llegó
Blaya. Los ejecutivos del noticiero que estaban involucrados
en el duelo se fueron y llegó un periodista de Miami, Guillermo Martínez, un veterano hombre de prensa de nacionalidad cubana que había trabajado como director de noticias del
Canal 23 de Univision. Aunque era relativamente nuevo en la
industria del periodismo electrónico, se había rodeado de un
talentoso grupo de productoras y muy pronto asimiló todas
las reglas y la jerga del medio.

Yo conocía a Guillermo desde hacía años, desde cuando
ambos estábamos en la junta directiva de la Asociación Na-

cional de Periodistas Hispanos. Él era el presidente y yo la vicepresidente. Esperaba que no recordara todas las veces que voté en contra de sus propuestas. Pero no tenía de qué preocuparme. Para él fue una suerte encontrar en el equipo a alguien conocido en quien podía confiar. Ahora, nuestro departamento se había trasladado de Hollywood a Laguna Niguel en el condado de Orange. Me convertí en su confidente, su informante, y, por un tiempo, en su chofer, lo llevaba de su casa al trabajo y lo traía de vuelta—era un largo viaje.

Guillermo pronto hizo que todo cambiara. Redujo la nómina y recortó nuestro noticiero de una hora a la mitad. Además, a principios de 1988, hizo algo que cambió mi carrera para siempre: me dio un socio. Formó un equipo conmigo y con Jorge Ramos, quien había sido co-presentador del noticiero de primera hora de la tarde, con una joven periodista uruguaya llamada Andrea Kutyas. Como resultado del nuevo orden impuesto por Guillermo, Jorge y yo éramos co-presentadores de los dos noticieros; el de las 6:30 P.M. y el de las 11:00 P.M. Veníamos trabajando juntos desde 1984. Pero así fue como llegamos a compartir el escritorio principal.

Me sentí honrada, aunque también tuve un momento de indecisión. Mi buena amiga, Teresa Rodríguez, que había sido la primera mujer presentadora de la SIN/Univision, se encontraba en licencia de maternidad en Miami, donde su esposo Tony Oquendo era un ejecutivo de la filial local. Me preguntaba si estaría pensando volver a su antiguo puesto. Me garantizó que no tenía intenciones de irse de Miami y que sus planes eran trabajar en programas especiales periódicos. Cuando lo supe, me entregué de lleno al trabajo.

Lo primero que hicimos Jorge y yo fue establecer las reglas de juego de nuestra nueva sociedad. Una noche, mientras cenábamos, llegamos a un acuerdo: tomaríamos turnos. Nos turnaríamos la apertura del programa. Nos turnaríamos la realización de las entrevistas importantes y el reportaje de las principales noticias. Lo único que permanecería igual serían nuestros puestos en el escritorio—yo estaría siempre a la izquierda, y él a la derecha. Él recibiría la copia color rosa de nuestro guión en varios colores y la mía sería la amarilla.

Hasta hace poco, en las cadenas de televisión en inglés era raro encontrar un equipo de presentadores compuesto por un hombre y una mujer. Y en el mundo machista de la televisión latinoamericana, las mujeres presentadoras suelen considerarse puramente decorativas. Claro que se le puede permitir a una mujer leer unas cuantas noticias, pero es raro que se le permita ascender a cualquier puesto de importancia. Por lo tanto, era crucial para mí que Jorge y yo consideráramos la posición de co-presentadores en todos los sentidos.

Cuando volvimos a la oficina, le explicamos nuestro arreglo a Guillermo. No lo podía creer, estaba satisfecho al saber que no seríamos una pareja de prima donnas disputándose el estrellato. "Son los periodistas más civilizados que he conocido," manifestó Guillermo.

Hasta el día de hoy, Jorge y yo hemos sido fieles a nuestro compromiso. No cabe duda de que contribuye mucho a esta situación el hecho de que, aunque Jorge se ha convertido en un exitoso escritor y en un respetado líder de opinión, sigue siendo un caballero y un compañero de trabajo siempre atento a los detalles.

Tres años después, en un traslado para centralizar sus operaciones, Univisión llevó el noticiero de nuevo a Miami y tuve que dejar mi ciudad. Me quedaría corta si dijera que no quería irme, me aterraba la idea. Corrían desagradables rumores por la cadena, personas supuestamente bien informadas nos decían que tuviéramos cuidado con los cubanos de Miami. No se metan con ellos, nos repetían. No escuchen la radio de los exiliados cubanos. Si pueden evitarlo, no vivan en el condado Dade. Yo no sabía qué esperar, pero algo me decía que esos rumores no eran más que exageraciones alarmistas. Por último, fue Joaquín Blaya quien confirmó mis sospechas.

"Por favor. Te va a encantar trabajar aquí," me aseguró. "Vas a terminar empatándote con un cubano y te vas a casar."

¿Cómo pudo haberlo sabido?

CINCO

El Milagro de Juan Diego

No soy extremadamente religiosa, a pesar de mi educación católica. Tengo fe, es cierto, pero sólo voy a la Iglesia ocasionalmente los domingos y como muchos católicos modernos, tengo problemas con ciertos aspectos de su discurso dogmático. Por ejemplo, un domingo, después de soportar un discurso político ligeramente velado en el sermón de un sacerdote visitante quien condenó a los candidatos "abortistas" unos días antes de las elecciones presidenciales de 2004, me sentí tan desconectada de la Iglesia que me pregunté si volvería alguna vez. En especial, después de que el sacerdote vociferó por tercera vez a la congregación:

"¡Tenemos que votar para derrotar a los asesinos de bebés!"

Me escurrí en mi banca. Para empezar, considero que la política no tiene lugar en el púlpito. Pero, más importante aún, no quería tener que explicar el aborto a mi hija de siete años, cuya tarea de catecismo para esa semana era tomar notas sobre el evangelio y el sermón. Ni siquiera le he hablado todavía de "los pajaritos y las abejas."

Pero, a pesar de mi grado de insatisfacción, cualquiera que sea, nunca me puedo apartar mucho de la Iglesia. He cubierto al menos una docena de visitas papales y he hecho dos especiales de una hora sobre la Iglesia Católica. Rezo todas las noches con mis dos hijas y, cuando viajo, me doy la bendición antes de que despegue el avión. Siempre llevo conmigo a mi Virgencita de Guadalupe. Tengo su imagen en mi casa, y en mi oficina. La llevo conmigo en los viajes. Le prendo una vela cada 12 de diciembre, el día de su fiesta. No es necesariamente la niñita de colegio católico que aún vive en mí la que es tan devota de la Patrona de las Américas, pero sí es la mexicana en mí. Más que un símbolo religioso la veo como un ícono cultural, como la semblanza misma de México, hermosa y mestiza, una madonna que se eleva en un óvalo de gloriosas tonalidades, rayos de sol y rosas. Era el hombre sobre el que lloraba mi madre y ahora se convirtió en el hombro sobre el que lloro yo. Me cuida durante las épocas difíciles. Además, me atrae especialmente la historia de su hijo predilecto, Juan Diego, el pobre indio mexicano a quien se le apareció en 1531. Al igual que todas las apariciones de la Santísima Virgen, ésta es una historia poética.

Juan Diego era un indígena de un pequeño pueblo al norte de Ciudad de México. La historia, tal como se encuentra registrada en los documentos de literatura azteca del siglo XVI, relata que este humilde campesino y tejedor vivió durante la conquista española de 1521 y más tarde, por la influencia de los primeros colonizadores franciscanos, se convirtió al cristianismo. Al bautizarse, dejó su nombre azteca y adoptó otro nuevo, Juan Diego. Una mañana de invierno, mientras se dirigía a la iglesia, escuchó una melódica voz que venía de una colina cercana. Entre los cantos de las aves, una voz de mujer pronunciaba su nombre. Siguió la voz, colina arriba, y cuando llegó a la cima, encontró a una mujer de deslumbrante belleza, una princesa azteca que le hablaba en su lengua nativa. Esta princesa etérea era la Santísima Virgen, quien pidió a Juan Diego que le trasmitiera un mensaje especial al obispo de México: quería que se le construyera un templo en el mismo lugar donde ella se encontraba ahora.

Cuando Juan Diego trasmitió el mensaje, el obispo no le creyó. Le pidió una señal. Días más tarde, la Virgen detuvo una vez más a Juan Diego al pie de la colina. Le ordenó que subiera a la cima y recogiera flores para el obispo. Cuando el labriego llegó a la cima de la colina, se sorprendió de encontrar allí unos arbustos con unas rosas extrañas. Cortó las flores y las envolvió en su *tilma*, una burda capa tejida con la que se cubría, y le llevó las rosas al obispo. Cuando Juan Diego desplegó su capa, las rosas cayeron al piso y, milagrosamente, la imagen de Nuestra Señora apareció impresa sobre el frente de su *tilma*. Esa imagen de la Virgen, ataviada como una princesa azteca, trasmitió un contundente mensaje a los conquistadores españoles: su triunfo dependía del oprimido pueblo indígena de México.

En los años que siguieron a la aparición, millones de indios, conmovidos por la historia de Juan Diego, se convirtieron al catolicismo. Pero, aunque la historia fue aceptada por la Iglesia Católica, a través de los años, muchos dudaron de la existencia de Juan Diego. Uno de los principales escépticos fue nada más ni nada menos que el padre Guillermo Schulenburg. No sólo era un sacerdote católico sino que era el abad de la Basílica de Nuestra Señora de Guadalupe. Sugería que la historia de Juan Diego podía ser un mito. Estos argumentos llevaron al Vaticano a constituir una comisión investigadora. En 1998, esa comisión informó sus hallazgos a la Congregación Vaticana para la Causa de los Santos. Sus conclusiones, respaldadas por los documentos indígenas históricos: la historia de Juan Diego era verídica.

Hacía ya muchos años de esa controversia cuando mi equipo y yo viajamos a la Ciudad de México en mayo de 1990, desafiando la locura de las masas y los medios, para cubrir la beatificación de Juan Diego por el ya fallecido Papa Juan Pablo II. Era apenas lógico pensar que necesitaríamos algo de ayuda del beato indígena. No, el problema no fue obtener nuestras credenciales de prensa ni tampoco conseguir la ubicación perfecta en al techo de un restaurante mexicano que daba hacia la Basílica de Nuestra Señora de Guadalupe y, justo detrás de este punto estaba la loma de Tepeyac, donde la Virgen se le apareció a Juan Diego. Lo que necesitábamos era que su humilde servidor lograra que el Papa cumpliera su itinerario.

El hecho era que teníamos que armar un especial de una hora que coincidiera con la llegada del Papa. Era una noticia importante para nuestras audiencia estadounidense, donde vivían en ese entonces cerca de ocho millones de mexicanos. Era el segundo viaje del Papa a México, patria de la segunda población católica más grande del mundo—la primera es la de Brasil. Y, a juzgar por la calurosa bienvenida que recibió el Papa durante su primer viaje, esta visita prometía ser una que quedaría registrada en los anales de la historia. Por no decir que Juan Diego estaba bien encaminado a convertirse en el primer mexicano de sangre totalmente indígena en alcanzar la santidad.

Trasmitir nuestro especial requeriría planes y maniobras meticulosas y, sí, es cierto, la ayuda de Juan Diego. Según el programa, el Papa debía llegar a mediodía. Su avión aterrizaría en tierra mexicana unos minutos antes y, una vez cumplido el protocolo diplomático, el Papa descendería del avión. Nuestro especial comenzaría a las 11:30 A.M., con entrevistas e informes sobre los extensos preparativos que requería la visita de Su Santidad. Pero nos encontramos con un pequeño problema. El gobierno mexicano decidió que tomaría el control de las ondas aéreas para la ocasión y trasmitiría la ceremonia de la llegada del Papa por televisión nacional, limitando además el acceso a todos los medios extranjeros. Por consiguiente, la única forma de trasmitir nuestro programa era pregrabando la primera media hora. Estábamos monitoreando las imágenes en vivo del gobierno para detectar los primero signos de que el Papa estaba descendiendo de su avión. Esa sería nuestra señal para enlazarnos con esas imágenes en vivo y de allí comenzar a narrar los acontecimientos en vivo.

Teníamos todo cubierto. Al menos eso creíamos. Yo había pregrabado una breve introducción como preámbulo a esas primeras tomas en vivo del Pontífice. Si, por casualidad, descendia del avión unos minutos antes de lo programado, cortaríamos la grabación y yo entraría con mi introducción. Miraría hacia la cámara y anunciaría solemnemente:

"Y ahora llega a suelo mexicano el Papa Juan Pablo II."

Claro que confiábamos en la infalibilidad del Papa. Nunca llega tarde. Por lo tanto, comenzamos nuestro programa. Durante veinticinco minutos, nuestros televidentes vieron una mezcla de historias de Juan Diego y del proceso de beatificación. Luego había testimonios de personas que habían venido a pie, caminando la noche entera desde pueblos distantes, sólo para poder ver de lejos al Papa en el "Papamóvil" por entre las calles de la capital mexicana, mientras se dirigía a la residencia del Nuncio Apostólico, donde Juan Pablo II pasaría esa noche. Mientras trasmitíamos la grabación estábamos de pie en una cabina de sonido del estudio, mirando los monitores para detectar la señal del momento en el que nos debíamos conectar a través del audio con la transmisión en vivo. Tenía a mi lado a un joven sacerdote que tenía estrechos vínculos con la jerarquía eclesiástica. Estaba listo para ayudarme a narrar la llegada del Santo Padre y a identificar los rostros de las personas de su comitiva y del comité de recepción.

A medida que nos acercábamos al mediodía, las imágenes del pool seguían pasando en los monitores y nos dimos cuenta de que el avión del Papa, que había aterrizado a tiempo, seguía parado en la pista de aterrizaje, y no se movía. La puerta no se abría. El Papa no bajaba del avión. Y nuestro material pregrabado estaba por terminarse. En unos pocos segundos la grabación llegaría a la parte en donde yo anunciaba: "Y ahora, veamos a Su Santidad el Papa Juan Pablo II, a su llegada a suelo mexicano."

Fue en ese momento cuando mi productora, Marilyn Strauss, comenzó a rezarle a Juan Diego.

"Necesitamos un milagro," suplicaba.

Cuando nuestra grabación estaba a punto de llegar a su fín, me quedé atónita. Marilyn, con sus ojos fijos en la imagen inmóvil del avión, no podía respirar. Yo estaba nerviosa, pero pensé que a ella le daría un infarto. Después de todo, haríamos un reverendo ridículo, si anunciábamos la llegada del Papa con bombos y platillos y éste no aparecía. Como era de esperarse, aunque la puerta del avión no se había movido, comenzó en la grabación mi introducción y ahí estaba yo, ante millones de televidentes anunciando:

"Y ahora llega a suelo mexicano el Papa Juan Pablo II."

En ese preciso instante, como obedeciendo a una señal venida de lo alto de los cielos, la puerta del avión se abrió de par en par y apareció allí enmarcada la figura del Papa Juan Pablo II. Marilyn no lo podía creer.

"Es un milagro de Juan Diego," gritó y todos, a una, respiramos aliviados.

Nuestra cobertura especial de la llegada del Papa fue un éxito. Pero, sin que lo sospechara, la verdadera sorpresa me esperaba a la vuelta de la esquina. Mientras regresábamos a la oficina de la Ciudad de México, entablé conversación con el joven sacerdote que había sido mi co-presentador aquel día. Sin lugar a dudas, su experiencia había hecho nuestra cobertura mucho más completa. Le agradecí su ayuda. Luego nuestra conversación tomó un giro más personal. Deje de ser la periodista que analizaba la cobertura era la católica confundida que expresaba sus dudas y sus interrogantes. Le conté acerca de los documentos que había leído después de la muerte de mi padre, los que estaban guardados en su Caja de Secretos. Por alguna razón, después de que hice ese descubrimiento, no podía resistir el deseo de compartir esa historia con cada clérigo que encontraba. Pueden llamarlo una especie de confesión informal, pero cada vez que entrevistaba a un sacerdote católico para una u otra historia, me sentía impulsada a contarle dos cosas: que mi padre había sido sacerdote en su juventud, y que yo estaba divorciada. Tenía graves problemas con la intolerancia de la Iglesia Católica hacia el divorcio. Consideraba que era injusto que la Iglesia censurara a un católico practicante por el simple hecho de que su matrimonio hubiera fracasado.

"Estoy segura de que Dios no querría que yo permaneciera en un matrimonio infeliz," solía decirles a los sacerdotes.

Y en cuanto a la historia de mi padre, me obsesionaban las palabras de mi madre cuando le presenté los documentos— "Sufrió una gran decepción que lo llevó a abandonar la Iglesia," me había dicho.

¿Qué pudo haber pasado? Siempre me lo pregunté. Me preguntaba cuáles eran mis motivos para querer saber la verdad. ¿Qué me impulsaba, la confusión de una hija o la curiosidad de una periodista? Después de mucho pensarlo, me di cuenta de que sólo quería saber. Eso era todo. Lo que importaba no era la razón, cualquiera que fuera, que llevó a mi padre a dejar su sacerdocio. No lo juzgaría por eso. Pero necesitaba saber qué habia ocurrido. Mi identidad dependía de ello.

Después de escuchar mi historia, el joven sacerdote, miembro del movimiento conservador Opus Dei, se ofreció a ayudarme. "Tal vez pueda ayudarte a encontrar alguna información acerca de tu padre," me dijo cuando nos despedimos ese día.

Un par de días más tarde me llamó para decirme que tenía algo que contarme. Me pidió que fuera a verlo a la rectoría de su Iglesia. Cuando llegué, me dijo que había hecho una investigación sobre mi padre y que había ubicado una parroquia donde él había trabajado alguna vez. Era una Iglesia pequeña en las afueras de la Ciudad de México.

Sus palabras me afectaron. Aunque mi madre había confirmado mis sospechas acerca del pasado sacerdotal de mi padre muchos años antes, era la primera vez que tenía algún tipo de confirmación independiente. Intenté imaginar a mi padre vestido de sacerdote, con una sotana, caminando entre sus feligreses. Pero no me fue posible. No podía reconciliar mis recuerdos de él, ni siquiera aquellos en los que lo veía caminando por el parque, inmerso en meditación orante, con su Biblia en la mano, no lo podía imaginar.

Mi fuente de información eclesiástica me dijo que había un sacerdote mayor en la antigua parroquia de mi padre quien probablemente lo recordaba. Pero luego se puso muy serio y me hizo una advertencia.

"Debes olvidar este asunto," me dijo. "Si él no te dijo nada, fue por una buena razón y tú debes respetarla."

Le pedí el nombre de la antigua parroquia de mi padre, pero no me lo dio.

"Deja que tu padre se lleve su secreto a la tumba," me dijo.

¿Entonces para qué me llamó a la rectoría, en primer lugar, si no me iba a decir lo que había descubierto? ¿Por qué someterme a semejante tortura, sobre todo después de que le dije lo importante que era para mí saber más acerca del pasado de mi padre?

"En realidad lo que quería hablar contigo tiene que ver con tu divorcio: debes encontrar la forma de volver con tu esposo." Yo no podía creer lo que estaba escuchando.

"Pero mi ex esposo ya se ha vuelto a casar con otra," le dije.

Eso no le importó. El sacerdote me dio un severo sermón sobre el compromiso.

"Cuando te casas con alguien, te casas de por vida," me dijo.

Le agradecí haberme dedicado su tiempo y dejé la rectoría pensando, ¿qué puede saber él sobre matrimonios fracasados? Estaba frustrada y absolutamente convencida de que me había hecho perder el tiempo.

Pero, en realidad, no fue así. En los años siguientes, esa mínima información que me dio acerca de que mi padre había sido párroco en una Iglesia cercana a la capital reavivaría mi esperanza de descubrir la verdad acerca de su decisión de abandonar el sacerdocio, y me animaría a continuar en mi búsqueda. Sin embargo, por el momento, me quedé atorada en la segunda parte de su mensaje. ¿Reconciliarme con mi ex esposo? Absurdo.

ME DIVORCIÉ a los veintiséis años y deseché el matrimonio. A medida que mi trabajo me fue exigiendo cada vez más tiempo, rara vez volví a pensar en el asunto. Sin embargo, la idea de la maternidad nunca estuvo lejos de mi mente. Era mi mayor deseo y lo había sido desde que tengo memoria. Tenía catorce años cuando mis hermanas tuvieron sus bebés y la idea aún me sacudía el corazón. Claro está que yo había jurado no caer en la maternidad como adolescente inexperta, como les había ocurrido a ellas. Durante mi primer matrimonio, mi esposo y yo habíamos decidido esperar dos años antes de comenzar una familia. Nuestro matrimonio duró año y medio.

Pero a medida que pasó el tiempo, y completé once años de estar sola, mis esperanzas de ser madre se hacían cada vez más remotas. Hasta que apareció Eliott Rodríguez. Era un hombre apuesto, tranquilo, que trabajaba como presentador y reportero para WPLG, la afiliada de la ABC en Miami. Nos presentó Marilyn Strauss, quien ha sido mi productora de campo para muchos de mis reportajes más importantes y es también una de mis más queridas amigas. En esta oportunidad estábamos todos en misión en Madrid, cubriendo la Cumbre Iberoamericana en julio de 1992.

"Va a venir ese chico guapo del Canal 10," me dijo una noche antes de la comida.

"Sí," le dije, "pero está casado."

"Ya no," me dijo.

Muy astuta en su papel de Cupido, Marilyn lo invitó a venir con nosotras a las entrevistas y a que cenáramos juntos. Tomó el asiento al lado de él y me lo guardó hasta que llegué, luego con mucha discreción se cambió a otro puesto para que me pudiera sentar a su lado.

Al principio no me prestó mucha atención. Sólo después de que regresamos a Miami, me llamó y me pidió que saliéramos. La noche de nuestra primera cita, me contó que ese día había formalizado su divorcio. Trajo fotografías de nuestro viaje a España y, mientras las mirábamos, llegamos a conocernos un poco más. Muy pronto, hicimos una buena conexión. Me di cuenta de que teníamos mucho en común. Éramos muy allegados a nuestras familias y nos encantaba nuestro trabajo. Él era hijo de inmigrantes cubanos muy trabajadores y yo era hija de inmigrantes mexicanos muy trabajadores. Él creció en el sur de Bronx, yo crecí en el centro sur de Los Ángeles, ambas zonas de clase media. Además, los dos ingresamos al mundo de las noticias más o menos al mismo tiempo. Él era encantador y callado, muy práctico, a su manera. Tenía dos hijas y se le iluminaba la cara cuando hablaba de ellas. Era un excelente padre y creo que esa cualidad fue lo que más me atrajo hacia él.

Poco después, fuimos en un grupo a Puerto Rico para la boda de mi copresentador, Jorge Ramos con Lisa Bolívar. Mis amigos, todavía haciendo el papel de Cupido, invitaron a Eliott para que se uniera al grupo. Y allí, entre las palmas, en las sinuosas calles del Viejo San Juan, floreció nuestro romance. Estábamos a mediados de agosto y hacía un calor impresionante, las tormentas de verano agitaban el mar en las proximidades. Una en particular, era un enorme huracán llamado Andrew que parecía dirigirse hacia La Florida. La víspera de la boda, algunos fuimos al casino. Volvimos a nuestras habitaciones del hotel cerca de las dos de la mañana, sólo para encontrar un mensaje urgente de nuestro director de noticias, Guillermo Martínez, quien había venido a la ciudad para la boda, junto con varios de los principales miembros de nuestro noticiero. Todos teníamos que tomar el vuelo de la mañana que salía de San Juan, decía. El huracán Andrew llegaría pronto al sur de la Florida.

Al día siguiente, todo el grupo del noticiero —con excepción del novio, claro está— voló a San Antonio, donde Univision tenía la tecnología necesaria para salir en vivo. Si Andrew resultaba ser un huracán tan potente como estaba previsto, podría dejar toda el área residencial de Miami sin energía, incluso podría tumbar nuestras antenas de transmisión. Pobre

Jorge. Había invitado muy pocos amigos a la boda y ahora la mayoría de nosotros tendría que irse a cubrir un huracán.

Este sería un reportaje que Jorge tendría que perderse. Mientras nos despedía fuera de la Iglesia, se disculpó: "Perdón pero tengo que ir a una boda."

ELIOTT, POR su parte tomó el último vuelo a Miamí, para estar con sus hijas, en su casa, y cubrir el huracán para el Canal 10. Forzada a permanecer en San Antonio mientras aparecían en la pantalla de la televisión las primeras imágenes del huracán, moría de preocupación por mi madre y mi casa, ubicada a tan sólo una cuadra de la bahía de Biscayne. Justo cuando estaba preparándome para salir al aire con un boletín, recibí una llamada de Miami. Supe que mi casa había quedado prácticamente destruida. Peor aún, las imágenes del noticiero mostraban la devastación por todo el sur de La Florida, casas derrumbadas, vecindario enteros destrozados, como si hubieran sufrido los efectos de una bomba nuclear. Podía sentir cómo enrojecía mi cara y comencé a llorar. Gracias a Dios mi madre y otros familiares estaban a salvo. Pero mi casa—no sólo mi casa, sino toda la ciudad—estaban irreconocibles. Temía perder el control mientras trasmitía. Alguien se apresuró a traerme unos pañuelos desechables.

Un par de días más tarde, Eliott llamó para decir que

había ido a examinar mi casa. Me contó que la inundación había sido tan severa que mis muebles flotaron hasta la calle. A mi regreso me esperaba un trabajo de limpieza titánico. El refrigerador de mi casa de huéspedes había flotado hasta caer de lado bloqueando la puerta de entrada. Mientras luchaba por retirarlo, llegó mi salvador con su mejor atuendo de trabajo. Lo miré asombrada mientras se arremangó, se agachó hasta el piso y empujó el refrigerador. Lo puso de pie y lo sacó del medio.

"Wow," pensé mientras lo observaba, "un hombre capaz de hacer esto vale la pena tenerlo a mano."

Y eso es exactamente lo que hice.

Ángeles y Bebés

Puerto Vallarta es una joya de ciudad turística, asentada entre el pie de monte de la Sierra Madre y la empinada costa de Bahía Bandera de México. Desde la terraza del Hotel Kristal, se ve el Océano Pacífico entre siete pilares romanos que se elevan desde la rotonda que enmarca la piscina. Es un lugar glorioso, y fue allí donde Eliott y yo decidimos intercambiar nuestros votos, el 7 de marzo de 1993. Quisimos que fuera en México y en marzo para que coincidiera con el cumpleaños de mi madre, el 4 de marzo. Hacía muchos años que no volvía a su tierra natal. Se encontraba débil a causa de un derrame cerebral y al paso de los años, quería visitar a sus hermanos y hermanas. Parecía la ocasión perfecta. No tendríamos que preocuparnos por organizar una gran boda. Podríamos reunir a la familia e invitar a algunos amigos cercanos.

Faltando pocos días para la boda, algunos de los cincuenta amigos y parientes invitados a la ceremonia comenzaron a llegar, poco a poco, a la hermosa y romántica ciudad de calles empedradas y villas pintadas de blanco, con espectaculares paisajes. Eliott, al igual que mis hermanas, mi buena amiga Regina Córdova, mi productora, amiga y cupido Marilyn Strauss, mi co-presentador Jorge y su esposa Lisa, así como otros amigos de Los Ángeles como Mari y Pete Bellas y mi abogado Jim Blancarte, llegarían más tarde. Mi tío Rodolfo, el hermano de mi madre que vivía en una ciudad cercana, sería quien me llevaría hasta el altar mientras sonaban las notas de un trío de guitarras que interpretaba canciones de amor mexicanas. Lo teníamos todo programado a la perfección. Bueno, tal vez no todo.

Yo tenía treinta y ocho años de edad y tres meses de embarazo. El embarazo había sido inesperado, pero, sin duda, muy bien recibido. Admito que, al principio, sentí algo de miedo. Eliott y yo nos habíamos conocido hacía apenas siete meses. La realidad parecía abrumadora. Pero después de haber soñado tanto tiempo con tener un bebé, la maternidad al fin estaba al alcance de mis manos. Para mí, no hubiera sido ningún problema ser madre soltera, pero Eliott y yo decidimos que queríamos casarnos. Después de una docena de años de estar literalmente casada con mi trabajo, al fin había encontrado un hombre con el que deseaba compartir mi vida.

Sólo pocas personas sabían de mi embarazo, mi madre y mis hermanas, entre otros. Al principio, a mi madre le costó trabajo aceptar la noticias, pero pronto me dio su bendición. Durante años había sabido que esto era algo que yo quería más que nada en la vida.

Tres días antes de la boda, mis familiares y yo hicimos planes para ir a la pequeña ciudad de Tepic en el estado de Nayarit, donde vivían mis tíos, para celebrar el cumpleaños de mi madre. Fue un viaje muy pesado para ella. Era la primera vez que viajaba desde que tuvo su derrame. Después de la muerte de mi padre, nos costó meses de trabajo convencerla de que tenía que seguir con su vida. Siempre había sido una mujer alegre, socialmente activa. Le encantaba estar con sus amigos, los mismos de su juventud. Y le encantaba viajar, sobre todo a México, a ver a sus hermanos y hermanas.

Por lo tanto, este viaje a México fue muy especial para ella. Podría tener la oportunidad de ver a los pocos hermanos que le quedaban. Ella y mi hermana Isabel se fueron para Tepic un día antes, y yo me quedé esperando que llegara Regina de California. Pero la noche que llegó, empecé a sentir fuertes dolores de estómago. El dolor se hizo tan intenso que me obligaba a doblarme en dos. Y, para empeorar las cosas, comencé a sangrar. Cuando Regina me vio enroscada en una esquina de mi cama llamó a la enfermera del hotel. Una doctora llegó sin demora a la habitación. Su diagnóstico fue devastador.

"Está teniendo un aborto," me dijo. Lo único que me venía a la mente era, *No es posible, no es posible.*

Me llevaron al hospital, donde los doctores querían practicarme un curetaje. Pero me negué. Quería una ecografía. Quería asegurarme de que no hubiera ningún error. ¿Qué pasaba si el sangrado era sólo una complicación del embarazo? Quería creer que el bebé que tanto había deseado podía salvarse. Tuve que esperar a que llegara un especialista a la mañana siguiente. La ecografía sólo confirmó las malas noticias. Sentí como si el corazón se me hubiera salido del cuerpo y junto con él hubiera perdido mi sentido de ubicación y equilibrio. Me habían administrado morfina para el dolor y me sentía como si estuviera flotando a poca distancia del piso. Miraba por la ventana y veía esa pintoresca ciudad de calles antiguas y flores de mil colores, pero parecía existir en alguna dimensión distante, envuelta en bruma. Faltaban dos días para mi boda y lo único que podía hacer era estar ahí, acostada en la cama. Eliott llegó al día siguiente, con el resto de mis familiares. Pero a muy pocos les conté lo ocurrido. Ni siquiera me atreví a decírselo a mi madre por temor a que la noticia afectara su delicada salud.

El día de mi boda fue perfecto. Caminé por un sendero

bordeado de frondosas palmas, escoltada por mi tío Rodolfo. Mi hijastra Bianca, o media hija como prefiero decirles que entonces tenía cuatro años, iba adelante esparciendo pétalos de rosa por el centro de la iglesia. El océano resplandecía ante nosotros mientras recitábamos nuestras promesas. Y tan pronto como la jueza se giró hacia Eliott y le declaró, "Puedes besar a la novia," se puso el sol, en un derroche de color naranja. Fue precioso. Estoy segura de que mis invitados pensaron que lloraba de pura alegría. Pero mientras los mariachis tocaban alegres canciones rancheras, sólo Eliott y yo sabíamos qué tan agridulce era en realidad ese momento.

ESA EXPERIENCIA fue solo el preámbulo a la montaña rusa emocional que me esperaba durante los siguientes cinco años, los cuales pasé casi todo el tiempo embarazada.

Unos meses después de perder el bebé, me volví a embarazar. Esta vez fui a consultar al Dr. Anthony Lai, especializado en embarazos de alto riesgo. Después de ocho o nueve semanas de embarazo, fui a que me hicieran una ecografía y de nuevo recibí noticias alarmantes. El bebé no se estaba desarrollando bien. El doctor dijo que lo más probable era que tuviera otro aborto.

No es posible, no es posible, pensé una vez más.

Busqué una segunda opinión y aquel doctor llegó a la

misma conclusión. Aún no me convencía. Entonces fui donde el Doctor Neil Goodman, un endocrinólogo especialista en fertilidad, para una tercera opinión. Confirmó que el feto no era viable. Luego vino la oleada de contracciones y el *déjà vu*. El aborto se produjo después de un viaje para un reportaje, lo que me llevó a pensar que los viajes me estaban provocando los abortos. Tenía recuerdos esporádicos de esas calles empedradas de Puerto Vallarta—pensaba que, sin duda, esa había sido la razón por la cual había perdido a mi primer bebé. Claro está que mi mayor temor era que hubiera esperado demasiado tiempo y que, ahora, mi reloj biológico se hubiera detenido. Tal vez ya sea demasiado vieja, pensé.

No obstante, a partir de entonces, me volví extremadamente cautelosa. El doctor Goodman me practicó una serie de pruebas para determinar qué me estaba haciendo perder los bebés. Me recetó vitaminas prenatales, aspirina en dosis baja para regular mi circulación y monitoreó mis ciclos de ovulación. Me indicó que viniera a su consultorio una vez al mes para una prueba de embarazo. Yo estaba decidida a lograr embarazarme y a permanecer embarazada por nueve meses. Incluso mientras me preparaba para ir a Chiapas para cubrir las pláticas de paz entre el gobierno mexicano y los insurgentes zapatistas en marzo de 1994, tomé todo tipo de precauciones al empacar mis maletas y programar mis actividades. Debía ir a practicarme la prueba mensual de embarazo el sábado antes de mi viaje. Pero el viernes por la noche comencé a sangrar. Llamé a mi médico y cancelé mi cita periódica. Qué objeto tenía, le dije, no hay posibilidad de que esté embarazada, no si estoy sangrando. Pero el doctor insistió en que fuera a hacerme un examen de sangre. Y, efectivamente, me dio buenas y malas noticias.

"Estás embarazada," me dijo. "Y no puedes viajar." Es imposible, pensé. Tenía que hacer este viaje. Era un evento muy importante. Hacía décadas que no había habido una guerra ni una revolución en México. Nunca en mi carrera había dicho que no a una misión periodística.

Por lo tanto, me enfrenté a un dilema: perderme lo que pensé que era el reportaje de mi vida o arriesgar mi posibilidad de tener un embarazo exitoso. Sobra decir que, puesto que sabía que viajar significaba perder el bebé, habría renunciado con gusto al viaje. Pero lo analicé con mi médico, quien dijo que podía viajar siempre y cuando tomara las precauciones adecuadas. No debía llevar nada pesado, ni siquiera un bolso. Debía seguir una dieta estricta. Y debía aplicarme una inyección diaria de progesterona. Salí de su consultorio con una bolsa llena de jeringas desechables y la hormona milagrosa que me podría ayudar a llevar mi embarazo a término.

No habría podido encontrar un mejor equipo para acompañarme. El veterano camarógrafo Simón Erlich se dedicó a protegerme. Llevaba mi equipaje y me abría el camino. La productora Patsy Loris se convirtió en mi paramédica. Con la ayuda de una enfermera en la Ciudad de México, aprendió a aplicar inyecciones practicando en una naranja. La enfermera le indicó que tuviera cuidado, porque aún la más pequeña burbuja de aire podía matarme. La pobre Patsy estaba más nerviosa de tener que inyectarme diariamente que de tener que enfrentarse a los disparos en Chiapas. Le temblaba la mano cada vez que tenía que pasar por esta odisea. Pero nunca se quejó. Hasta Porfirio Patiño, nuestro jefe de la oficina de México, me cuidaba. Me traía sopa de vegetales recién hecha para la comida y constantemente le indicaba al conductor que fuera despacio cuando transitábamos las tortuosas e irregulares carreteras montañosas bajando de San Cristóbal de las Casas a Ocosingo, donde habían tenido lugar las encarnizadas batallas.

No asistí a la conferencia de prensa, por temor a los acostumbrados empujones y codazos de los fotógrafos y reporteros. Además, teníamos a nuestro corresponsal Bruno López, que cubría las últimas noticias desde adentro. Años después, tuve la oportunidad de entrevistar al enigmático jefe de los zapatistas, el Subcomandante Marcos. Pero en ese primer viaje a Chiapas, me quedé tras bambalinas, realizando reportajes que ponían la historia en contexto y tomando el pulso de la opinión pública. El reportaje estuvo excepcional. Quedé tan fascinada con los detalles históricos subyacentes que no tuve tiempo de preocuparme por los mareos matinales ni por las otras sorpresas que este embarazo pudiera tenerme reservadas.

Fue un momento de cambio radical en la historia de México, no sólo para la vida política del país sino para sus medios de comunicación. Hasta entonces, los medios habían estado sometidos a una censura sistemática y a diversas etapas de autocensura. Las estaciones de televisión y radio al igual que los periódicos prácticamente pertenecían al gobierno. Con frecuencia intentaron, sin éxito, liberarse de las garras oficiales. Como resultado, las trasmisiones de radio y televisión mexicanas sólo daban las "noticias" más predecibles—lo que decía el presidente, a dónde iba, a quién había abrazado, cómo vestía. Si un comentador de radio criticaba al gobierno, hasta ahí llegaba—quedaba sin trabajo.

Pero cuando vinieron las conversaciones de paz, la tierra se movió. Las ondas de radio de San Cristóbal de las Casas trasmitieron la voz del Subcomandante Marcos cuando hacía declaraciones ante una conferencia de prensa después de las conversaciones. Criticaba al gobierno por el tratamiento que daba a la población indígena, por las violaciones de los derechos humanos, por la falta de reforma social. Su voz llenó la plaza del pueblo, resonando por los hogares y los comercios, a medida que los habitantes se congregaban en absoluto silencio. Durante los silencios de sus pausas, se podía oír caer un alfiler.

A mi regreso a Miami, decidí que no viajaría durante el resto de mi primer trimestre. Después de hacer otro par de viajes para realizar reportajes aquel año, segura de que mi embarazo, ya de seis meses, iba bien, regresé a México para las elecciones presidenciales. Ese viaje resultó siendo algo más que la cobertura de una campaña volátil y de las consecuencias del asesinato del candidato preferido de las masas, Luis Donaldo Colosio. Me colocaría inesperadamente de nuevo cara a cara con el pasado de mi padre.

Cuando fui a entrevistar a Ernesto Zedillo, quien se había convertido en el candidato del PRI, sustituyendo a Colosio, me saludó un joven miembro de su equipo, con una sonrisa amistosa.

"¡Hola, prima!" fue su saludo.

Le sonreí amablemente, sin darle mayor importancia. Era probable que su apellido fuera Salinas y que simplemente me estuviera haciendo una broma. Después de todo, el apellido del presidente saliente también era Salinas, y, bueno, tal vez todos éramos primos. Pero este joven no se dio por vencido.

"No, es cierto. Somos de la familia. Mi abuela era María de Los Ángeles Cordero…," me dijo.

Ay, Dios, pensé para mí, *ese es el nombre de la hermana de mi padre.*

"… y tengo una tía abuela, María Elena, por la que te bautizaron a ti. La llamaban La Bebita," continuó. "Y también está mi tío abuelo que se fue para los Estados Unidos en los años 40…"

Lo observé y, en ese momento, lo vi idéntico a mi padre. Sus ojos eran verdes y prominentes, como los suyos. Me quedé sin habla. No podía dejar de mirarlo. Se rompió el hechizo cuando entró Zedillo y tuve que retirarme para hacerle la entrevista. Mientras le hacía las preguntas que tenía ya preparadas, mi pensamiento se escapaba de nuevo rumbo a este "primo." No recuerdo de qué hablamos ese día el candidato y yo. Estoy segura que le pregunté acerca de la muerte de Colosio, pero lo que sea que le haya preguntado a Zedillo no tenía nada que ver con lo que realmente estaba pensando.

Después de la entrevista volví a donde se encontraba el joven sentado y hablamos un poco. Su nombre era Fernando Solís Cámara. (A propósito, era el asesor de imagen de Zedillo, una tarea formidable dado que el candidato estaba lejos de ser el hombre más carismático del mundo.) Le pregunté por mi familia. Se ofreció a organizar una comida con algunos parientes.

La noche siguiente me encontré sentada a una mesa con aproximadamente quince parientes, la mayoría de ellos extraños. Reconocí a dos de ellos como el hijo y la hija de mi tía María Elena, la tía bebita, una de las dos hermanas de mi padre con la que había permanecido en contacto después de haberse alejado del núcleo familiar más amplio. La hija era una mujer de facciones dulces llamada Martita Palafox y el hijo era un cantante de ópera llamado José Luis. Había también otro primo que recordaba de mi niñez. Y había también una mujer mayor, de pocas palabras, que estaba sentada a mi lado. No habló casi nada. Se limitó a sonreír y a mirarme con una expresión de cariño que me hacía sentir nerviosa.

"*Esa es La Muñeca*," anunció uno de los parientes, después de un rato.

¿La Muñeca? No lo podía creer. Era mi prima María Elena, a quien por cariño le decíamos "La Muñeca." Era la sobrina favorita de mi padre y solíamos ir a verla a Ensenada cuando yo era pequeña. Trabajaba con uno de nuestros tíos, quien según decían, había descubierto una cura para el cáncer. La Muñeca era la depositaria de su fórmula secreta. Decían que tenía la fórmula memorizada y que nunca la había puesto por escrito. Pero mucho tiempo después de que la viera por última vez, había tenido un derrame que la había dejado paralizada por varios años. Yo no sabía que había mejorado hasta el punto que ahora podía caminar, sin embargo sólo podía hablar con enorme dificultad. Se limitó a sacar una vieja y destartalada libreta de teléfonos, amarrada con una liga, y la abrió para mostrarme unas viejas fotografías de mi familia. Ahí estaban mi padre, mi madre, mi sobrina Cici y mi sobrino Charlie. Señalaba insistentemente las fotografías. Quería saber cómo estaban esas personas. Yo ni siquiera la había reconocido y sin embargo, ahí estaba ella, a mi lado, preguntándome por mi familia y sonriendo al ver mi prominente barriga.

Debió haber pensado que ahí venía otra prima en camino. Fue maravilloso verla. Me trajo tantos recuerdos de mi niñez. A su lado, sentí que había encontrado por fin a la familia que por tanto años había perdido. Fue una experiencia muy especial.

Mi familia recién encontrada estaba emocionada con mi embarazo. Me hicieron prometerles que volvería con el bebé a visitarlos. Después de la comida, mi primo el asesor de imagen de Zedillo, me entregó una lista con todos los nombres y números de teléfono para que pudiera mantenerme en contacto.

Antes de irme de México, le pregunté a mi primo si sabía algo de por qué mi padre había abandonado el sacerdocio. ¿Tuvo mi madre algo que ver con eso?

"Bueno, sé que fue sacerdote, pero no sé por qué se salió," me respondió. Me dijo que había otro familiar que aseguraba que mi padre había decidido dejar el sacerdocio antes de conocer a mi madre. Pero ¿quién era ese familiar y qué sabía? Ahora tenía más interrogantes que antes. Pero también tenía más parientes que antes. Tal vez alguno de ellos tuviera la llave de la Caja de los Secretos que representaba el pasado de mi padre. Le juré que me mantendría en contacto.

Ese primero de noviembre tuve una hermosa niñita, cachetona y con unos preciosos pies diminutos. Reconocería en cualquier parte a Julia Alexandra Rodríguez. No puede contener el llanto en el momento en que la vi y la sostuve en mis brazos. Era mi sueño hecho realidad. Y el mundo que yo conocía jamás volvería a ser el mismo. No sólo me convertí en madre, sino en madre antes que todo. Mi amor por el trabajo se convirtió en un romance secundario. Eliott y yo estábamos extasiados. El nacimiento de Julia nos uniría más que nunca.

Con dos hijas de un matrimonio anterior y una nueva bebé, las necesidades paternales de Eliott estaban más que satisfechas. Pero yo apenas comenzaba. Al año siguiente, quedé embarazada de nuevo. Estaba tan emocionada que empaqué el resultado positivo de mi prueba casera de embarazo en una caja de regalo y la envolví. Invité a mi esposo a cenar en un lugar romántico y, en el momento que me pareció más apropiado, le entregué la caja con la sorpresa.

Pero cuando la abrió, su boca también se abrió.

"Oh, no."

Eso no era lo que yo quería oír. Pero sabía que tarde o temprano estaría tan contento con la idea de otro bebé como lo estaba con nuestra Julia.

No mucho tiempo después, fui a Chicago para asistir al banquete de premiación de la Convención Anual de la NAHJ. Yo sería la maestra de ceremonias de la cena de gala de la premiación, como lo había sido a le largo de varios años. Me sentía muy bien. Pero esa noche, antes del evento, sentí esos ya familiares cólicos. Supe exactamente de qué se trataba: otra pérdida. Quedé desconsolada.

A la noche siguiente, me encontraba de pie en el podio frente a cientos de colegas periodistas, como maestra de ceremonias del banquete de premiación, intentando con todas mis fuerzas de ocultar el dolor. Me sentía sola en mi tristeza, y furiosa con mi esposo por su renuncia antes que nada, a tener otro hijo. Era una idea irracional, lo sé. Pero tenía que culpar a alguien; así, quizá la pérdida no sería tan dolorosa esta vez. Pero lo cierto fue que Eliott también lo lamentó—estaba tan devastado como yo. Y tal vez fue este sentimiento compartido de nostalgia de los tres angelitos que se habían desvanecido de nuestras vidas, el que nos unió, en una tibia noche de agosto de 1996, cuando se produjo ese momento de intensidad en el que Gaby fue concebida. Mi preciosa Gabriela María nació el 9 de mayo de 1997.

LA MATERNIDAD se convirtió en el lente a través del cual llegaría a contemplar el mundo. Para mí fue cada vez más difícil dejar a mis hijas en casa mientras viajaba a cumplir con mis obligaciones periodísticas. Todo lo relevante a ellas estaba siempre en mi mente mientras me encontraba lejos—sus voces, sus lágrimas, sus fotografías. Sin embargo, el hecho de tenerlas me daba también una sensación de empatía hacia las historias de los demás, algo que hasta entonces no había sentido con tanta intensidad.

SIETE

Gente Común

La cámara puede ser una cruel observadora. Lo ve todo, hasta las más mínimas imperfecciones. Nos guste o no, si estamos ante las cámaras de televisión cada noche, lo más probable es que nos convirtamos en expertas en maquillaje. Uno aprende a utilizar el lápiz corrector de piel como una varita mágica contra los estragos del cansancio, o de la falta de sueño de la noche anterior. Pero otras cosas no son tan fáciles de esconder. Por ejemplo, los sentimientos. Disfrazarlos requiere de mucho más que un buen corrector.

Conozco las reglas del periodismo, sobre todo la regla tácita que prohíbe que los reporteros se involucren en las historias que cubren. No deben involucrarse políticamente, claro está. No deben involucrarse socialmente, y jamás deben involucrarse emocionalmente. Pero es precisamente esta última parte la que con frecuencia quisiera poder cubrir con maquillaje. Confieso que más de una vez he roto la cláusula "emocional." No sólo he abierto mi corazón en el curso de un reportaje sino que lo he dejado atrás en las calles de otros países y en hogares de extraños cuyos nombres no siempre recuerdo. Pero ¿cómo alejarnos de una mujer en duelo que nos recuerda a nuestra propia madre? ¿Cómo abandonar una familia en desgracia, que podría ser la nuestra? ¿Cómo ocultar los sentimientos que afloran con las historias de pérdida y amor? Claro está que he aprendido un truco muy ingenioso para secarme las lágrimas apresuradamente, durante los comerciales, en el set del noticiero. Simplemente inclino mi cabeza hacia atrás y parpadeo para que las lágrimas se vuelvan a meter a mis ojos. Funciona—o al menos evita que se corra el maquillaje. Pero no quiere decir que se nos convierta el corazón en teflón.

Sé que he roto esta regla porque hay historias que han permanecido durante años en mi memoria. No son grandes noticias periodísticas. No son los ángulos de las noticias de última hora que las hacen tan memorables. Es el elemento humano, la forma como estas "fuentes" me enseñaron valiosas lecciones sobre la fortaleza del espíritu humano. Las comparto aquí con ustedes tal y como las recuerdo:

El Mariachi

Viajé a la Ciudad de México en el peor momento de la crisis económica de mediados de los años 90 para trabajar en un especial de una hora sobre el período preelectoral titulado *México Busca Su Destino*. La idea era ver el país no a través de los ojos de los políticos, los analistas o los intelectuales, sino a través de los ojos del pueblo. Mi tema era la economía. Era un momento en el que la gente común luchaba contra tasas de interés elevadísimas y unos niveles de inflación inverosimiles. Estaban perdiendo sus casas, sus autos, sus empleos. Si tenían préstamos, las erráticas tasas de interés habían triplicado el monto de sus pagos, precipitándolos hacia una espiral de desesperanza. Por lo tanto nos dispusimos a ilustrar las vicisitudes a las que tenía que enfrentarse el ciudadano mexicano común. Comenzamos nuestra búsqueda en la plaza Garibaldi, el lugar de reunión de los símbolos culturales más característicos de México, los mariachis.

La festiva plaza, salpicada de ruidosas cantinas, estaba colmada a reventar—en irónico contraste con la gran depresión económica. Los mariachis, ataviados con sus flamantes y adornados trajes, se paseaban de un lado al otro y cantaban a cambio de propinas. Uno de ellos, en especial, me llamó la atención mientras entonaba una triste canción ranchera. Me le acerqué y le pregunté cómo estaba enfrentando la crisis. Me respondió que estaba luchando por conseguir el dinero necesario. Era casado y tenía dos hijas que estudiaban en una escuela de comercio para aprender computación. Le preocupaba que tal vez no pudiera cubrir los gastos de su educación por mucho más tiempo. Le pregunté si podíamos hacerle una entrevista en su casa, con su familia, y me dio su dirección.

Al día siguiente, con Cristina Londoño tomamos un camino de montaña por las laderas de las afueras de la capital, buscando con grandes dificultades la casa de este mariachi. Recorrimos un camino empinado, hasta un punto donde terminaba el pavimento y la calle se convertía en un camino de tierra. Encontramos su casa en la cima de una loma. Era una estructura curiosa con paredes de ladrillo despintadas y un techo que abarcaba sólo la mitad de la casa. Golpeé con fuerza en la puerta de entrada, porque no había timbre.

"¿Sí?" dijo una voz de mujer desde el otro lado de la puerta. Le pregunté si el mariachi se encontraba en casa. Respondió que no, que había salido. "Mi esposo tuvo que irse. No la pudo llamar porque no tenemos teléfono," gritó.

Le pregunté si podíamos entrevistarla.

"No, no, no," respondió.

"Por favor, sólo por unos minutos," le supliqué.

"No estoy debidamente vestida," respondió.

"La esperaremos," le dije.

Unos minutos después, se abrió la puerta que daba entrada a una humilde casa rural. La esposa del mariachi nos condujo por parches de luz y sombra—efectos del techo parcial—hasta una pequeña sala de estar. En la parte de atrás alcanzaba a ver jaulas de malla con pequeños animales de granja y gallinas que picoteaban por todo el lugar. La mujer me dijo que era enfermera pero que no estaba trabajando tiempo completo porque era muy difícil encontrar empleo. Trabajaba sólo de vez en cuando en enfermería. De hecho, mientras hablábamos, llegó una vecina a decirle que había un pequeño muy enfermo en la casa de al lado. La esposa del mariachi se disculpó y fue corriendo a aplicarle al niño una inyección de antibiótico. Así contribuía al presupuesto familiar, me explicó al regresar.

Mientras hablaba, me llevó hacia un pequeñísimo cuarto que compartía con su esposo. Era una habitación humilde, con el mínimo de muebles. Sin embargo, la pequeña cama brillaba con lujo. Sobre la cama, ella tenía listo y extendido el traje de mariachi para su marido. Era tan hermoso y elegante, como una reliquia preciosa, el traje de un rey. Y ese magnífico sombrero, símbolo del orgullo mexicano. Todo el atuendo parecía desentonar con su entorno desteñido y desgastado. Entre tanta pobreza, aquí se encontraban las prendas de oro que convertían al mariachi en miembro de la realeza folklórica por unas cuantas horas cada noche.

La esposa del mariachi me condujo después hasta una pared de ladrillo con el borde superior irregular, en la parte principal de la casa. La razón de que la pared no estuviera recta era que la estaban levantando ladrillo a ladrillo. Cada vez que conseguían algo de dinero, le ponían unos ladrillos más.

"Poquito a poco, un día tendremos cuatro paredes y un techo," me explicó.

Sus hijas entraron como una exhalación a la habitación, con el pelo todavía mojado porque apenas salían del baño. Se despidieron de ella con un beso y se fueron a estudiar, bajando por el camino de tierra hasta el lugar donde tomarían el autobús, según me explicó su madre. De noche, tienen que volver a subir a pie. Me pareció algo sorprendente, considerando lo empinado de la loma y el largo trecho que tendrían que caminar para llegar a la casa. No deja nunca de sorprenderme que los mexicanos puedan vivir de esa forma, teniendo en cuenta que México es una nación rica en petróleo y hogar de algunas de las familias más adineradas de América Latina. Sin embargo, en la casa del mariachi nadie se quejaba. Las muchachas se consideraban afortunadas de poder estudiar, lo cual lograban, gracias a las apasionadas canciones de amor que su padre cantaba noche tras noche. Cada balada significaba otro día de clase, otra comida para la familia, otro ladrillo para la incompleta pared. Era un crudo contraste: las alegres melodías del folclor mexicano ocultaban una lucha común por la supervivencia.

Nunca logramos entrevistar al cantante en su hogar. Pero ahí estaba, en ese traje, su deslumbrante promesa que llenaba cada grieta de la casa.

Unas Elecciones en Peru

Poco después de que tomara por primera vez el micrófono del noticiero de televisión, empecé a cubrir campañas electorales. He cubierto todo tipo de campañas de esta índole—campañas municipales, campañas para el congreso, campañas presidenciales, he entrevistado a personas que podían votar y que no lo hicieron, a personas que querían votar pero no podían hacerlo, y a personas que ni siguiera sabían que había elecciones. Pero entre todas las historias de las contiendas electorales, la que sigue estando en una categoría aparte es la que escuché de una pobre viuda peruana durante la campaña de reelección del presidente Alberto Fujimori, en 1995.

La encontramos en las afueras de la capital mientras recorríamos la ciudad en busca de las reacciones de los electores y algunas historias que le dieran un ángulo humano de la cobertura política. Era una mujer de escasos recursos que había dejado su casa en la montaña para mudarse a la ciudad después de que los guerrilleros de Sendero Luminoso asesinaran a su esposo. Tenía varios hijos, y todos vivían en una pequeña casucha en un barrio marginado con piso de tierra y paredes de lámina metálica. Vivían en condiciones horrendas, en una escasez tal que los niños estaban siempre sucios y descalzos. Dormían en un par de pequeños catres y cocinaban sus alimentos en una pequeña estufa a llama abierta, con un sólo fogón.

ERA UNA indígena que hablaba un español apenas rudimentario, pero no le tomó mucho tiempo narrarnos el carácter trágico de su historia. Era una representante de una pobre comunidad indígena atrapada entre los rebeldes y el ejército de Fujimori: los rebeldes usaban a los miembros de su comunidad como camuflaje, lo que sólo hacía que el ejército los persiguiera como simpatizantes de los guerrilleros. Después de que mataron a su esposo, esta mujer trajo a sus hijos de la montaña a la ciudad y entre todos se las arreglaron para reunir los medios necesarios para sobrevivir. Desafortunadamente, ni siquiera evadiendo la ruta de los miembros de Sendero Luminoso pudieron librarse del sufrimiento. Su hijo mayor, el que más le ayudaba con el trabajo y el sustento de la familia, sufrió graves heridas cuando el autobús en el que viajaba fue atacado por los rebeldes de Sendero.

El joven terminó en un hospital local, pero la madre no tenía medios para pagar su tratamiento. Entonces, empeño lo único de valor que poseía, su tarjeta de registro electoral. La dejó en el hospital como pago por el cuidado de su hijo. Para recuperarla, tendría que cancelar la cuenta. Naturalmente, la desventaja era que no podía votar. Y para ella, eso era algo trágico. Quería votar, con toda su alma, en las elecciones presidenciales. Su vida, la vida de sus hijos, todo dependía de su voto, insistía.

"¿Por quién votaría?", le pregunté. Su respuesta fue contundente. Y definitiva.

"Por El Chino." Se refería a Alberto Fujimori, un agrónomo descendiente de una modesta familia de inmigrantes japoneses. El autoritario presidente de línea dura que se tomó de improviso al Perú, era su candidato. Él se había empeñado desmantelar el grupo del Sendero Luminoso—como eventualmente lo logró. Además, lo había visto en las áreas rurales, lanzando lápices y útiles escolares a los niños pobres desde su "chinomóvil"—un camión de cama plana acondicionado especialmente con una barandilla protectora. Para ella, esto quería decir que su candidato valoraba la educación aún para los peruanos más pobres. El conjunto de estos hechos la convenció de que si tan sólo lograba rescatar su tarjeta electoral, sus hijos tendrían la posibilidad de un buen futuro. Para ella, eso importaba más que el que su familia no tuviera suficiente comida, ni ropa, ni piso en la casa, ni el que se levantaran cada día a enfrentar una miseria cada vez peor.

Nada de esto parecía tener mucho sentido para la periodista escéptica en mí; pero sí me conmovió profundamente como madre. Su historia me afectó tanto que me vi obligada a interrumpir la entrevista a mitad de camino. Con una seña, les indiqué a Ángel Matos, el fotógrafo, y a Marilyn, que de nuevo era mi productora, que me esperaran afuera. Cuando salí de la casucha, sentí que se me llenaban los ojos de lágrimas. Cuando miré a mis colegas, mis íntimos amigos, pude ver que también tenían los ojos húmedos. Nos tomamos un momento para recobrar el control y entramos de nuevo a la vivienda de esta mujer para continuar la entrevista. Cuando terminamos, tanto mis colegas como yo vaciamos los bolsillos y le dejamos todo el dinero que llevábamos.

"Vaya y compre ropa, útiles escolares, y comida para sus hijos. Olvídese de la tarjeta electoral," le dije mientras nos íbamos. Pero, por alguna razón, no creo que lo haya hecho.

EL MALECÓN EN RUINAS

La Habana es un espejismo. Por la noche, brilla como una media luna dorada contra el venerable malecón, la famosa muralla al pie del mar. Durante el día, las majestuosas fachadas coloniales se levantan bajo el sol cubano, engañando al espectador desprevenido con su esplendor. Sí, son espléndidas—así como las fotografías color sepia son espléndidas—

como objetos para admirar a distancia. Pero cuando uno se acerca, se da cuenta de que se están desintegrando, pedazo a pedazo y al entrar, al otro lado sólo hay miseria.

En mi primer viaje como reportera a Cuba, en 1995, fui a hacer un reportaje sobre la riqueza de la arquitectura de la Habana Vieja. El hecho de que me hayan permitido hacer un reportaje en Cuba es otra historia aparte. El gobierno de Fidel Castro había vetado a Univision en la isla desde hacía muchos años. Debido a que la cadena tenía su sede principal en Miami, nos percibían como parcializados y extremadamente influidos por los exiliados cubanos. Sin embargo, por sugerencia de mi esposo, me puse en contacto con los funcionarios de la Sección de Intereses Cubanos en Washington D.C. y les pedí que me dieran una visa. Fue difícil convencerlos, pero por fin lo logré y pude viajar a La Habana, sin cámara, simplemente para reunirme con funcionarios del gobierno y plantear allí el caso de Univision. Eso fue lo que hicimos y, después de tres días y muchas reuniones contenciosas, los convencimos de dejarnos regresar con nuestras cámaras.

En mi primera visita con credenciales, una de mis múltiples entrevistas me llevó a la oficina del principal historiador de La Habana, Eusebio Leal. Lo busqué después de haber visto todos los decrépitos edificios coloniales de La Habana Vieja y los que se encuentran a todo lo largo del Malecón. Por respeto a su erudición y su experiencia, le permití que hablara sin pausa hasta de los más mínimos detalles de la historia de las joyas arquitectónicas de La Habana. Al final de una entrevista sumamente larga, le hice algunas preguntas acerca de las estructuras derruidas que había podido ver. Respondió mi pregunta y me sonrió con escepticismo.

"No sé por qué tengo la impresión de que no utilizará nada de lo que le he dicho acerca de los edificios en ruinas," me dijo.

Y tenía razón.

Entré a uno de esos edificios a la orilla del mar. En otro tiempo fue grande y espacioso. Ahora era un *solar*—un cuchitril. Había sido subdividido tantas veces que las familias que lo habitaban parecían confundirse unas con otras. Las paredes estaban descascaradas y peladas por la humedad. Las cucarachas corrían en todas direcciones por los pisos enlodados. Las tormentas y el deterioro general habían perforado agujeros en el techo, y el agua entraba por allí, empapando la ropa colgada a secar, los pocos muebles viejos y los pisos.

Encontré allí a una mujer con su bebé que vivía en ese hacinamiento. La observé mientras cargaba al bebé escaleras arriba y escaleras abajo. Los escalones estaban embarrados y resbalosos, no había barandal para sostenerse. La habitación donde dormía estaba en el piso superior por lo que tenía que subir esas escaleras varias veces al día. Las condiciones de vida no eran aptas para seres humanos. No había luz eléctrica ni inodoros que funcionaran. La pequeña estaba mocosa e intranquila y yo no podía dejar de mirarla. En ese momento, mi hija mayor, Julia, tenía un año, apenas un poco mayor que ésta, que, a pesar de la extrema pobreza en que vivía, tenía ropa y zapatos.

"Tengo familia en Miami," me dijo la madre. "Me envían la ropa. La mayor parte la vendo para tener algo de dinero con qué vivir."

Pero ¿cómo puede alguien sobrevivir ahí? ¿Cómo puede ella vivir, día tras día, en esas condiciones, con una bebé? La imagen de ellas dos subiendo y bajando por esas escaleras está grabada a fuego en mi memoria. No podía más que pensar en mi propia hija. Qué afortunada era de tener las pequeñas bendiciones que solemos dar por descontadas. De nuevo, busqué en mi bolsillo y le di a esta mujer lo que tenía, no más de cincuenta dólares. Como periodista que tenía la oportunidad de ver el lado oscuro de Cuba, supe que mi dinero y mi comprensión no iban a cambiar su vida en absoluto; pero como madre, no podía dejar de hacerlo.

La Ciudad del Lodo

En enero de 2001, mientras Washington D.C. se preparaba para una toma de posesión presidencial, un terremoto masivo sacudió a El Salvador, produciendo aludes de lodo, derrumbando montañas, arrasando barrios enteros, desapareciendo familias. He cubierto un buen número de desastres naturales y he sido testigo de la devastación que han producido. Pero, en la mayoría de los casos, he llegado como en paracaídas, me he apresurado a realizar las entrevistas y he salido con la misma rapidez. Ese es nuestro trabajo—hacer reportajes, escribir, redactar la historia y emprender otra misión. Pero el desastre de San Salvador me afectó muchísimo. Llegar allí fue casi imposible. Tuvimos que volar a Tegucigalpa, alquilar un avión pequeño y volar hasta un aeropuerto militar salvadoreño. Moverse por entre la devastación resultó aún más difícil. Las calles habían desaparecido. Los aludes de lodo habían arrasado con los barrios de las áreas montañosas. En algunos lugares parecía como si toda la ciudad estuviera bajo una gruesa capa de lodo. Sólo sobresalían las redes de energía eléctrica rotas y las antenas torcidas. El terremoto se había producido el sábado en la mañana, por lo que los niños estaban en sus casas. Las escuelas no se vieron afectadas por el sismo. Las casas sí, por desgracia, y muchos niños se perdieron entre el lodo y las ruinas.

Además de cubrir los efectos del terremoto para el noticiero, mi equipo y yo estábamos desarrollando una historia—*La Anatomía de un Rescate*—para nuestra revista noticiosa, *Aquí y Ahora*. De nuevo, Ángel Matos era mi fotógrafo y mi productora ejecutiva Patsy Loris dirigía nuestro equipo. Nos abrimos camino hacia uno de los barrios de las montañas, en donde los residentes intentaban sacar a sus seres queridos de entre las ruinas de lo que antes fueron sus hogares. Caminamos cuidadosamente por el terreno húmedo de lo que había sido un barrio obrero. Bajo nuestros pies se encontraban enterrados hogares, árboles, autos, personas. En medio de esta devastación, encontramos un hombre y una mujer que cavaban por entre las ruinas de su hogar en busca de sus dos hijos y de la mujer que los cuidaba. Durante horas cavaron y cavaron sin parar por entre el lodo y los ladrillos triturados. Cavaban contra reloj, conscientes de que, dentro de poco, llegarían los buldozers o aplanadoras a limpiar la zona. Cavaban con desesperación pero con cautela, cuidando de no dañar la superficie. Cuando cayó la noche sobre el sitio de la excavación, siguieron excavando iluminados por las luces de nuestra cámara, hasta que ya no pudieron sostenerse en pie.

A la mañana siguiente encontré al padre empeñado de nuevo en su tarea. Tenía la misma ropa. Era evidente que no había dormido ni comido. Su esposa se había desmayado y la habían tenido que llevar a uno de los refugios, por lo que siguió excavando solo.

"No creo que los encontremos con vida," dijo, "pero tengo que intentarlo."

Él y su esposa estaban en el trabajo cuando se produjo el

terremoto. Corrieron a casa sólo para encontrar que todo había desaparecido, todo estaba enterrado. El dolor de su pérdida marcaba profundas arrugas en su rostro, mientras trataba de mirar de cara al sol. Observamos mientras cavó durante horas hasta tarde en la noche, cuando se vio obligado a descansar.

A la segunda mañana después del terremoto, lo encontramos de nuevo en el mismo estado de desesperación.

"No creo que los encuentre vivos," repitió, "pero quiero encontrar sus cuerpos intactos. No quiero que las aplanadoras vengan y los destrocen."

Lo dejamos para ir a cubrir otras historias y, al regresar, lo encontramos aún cavando. Había encontrado algunos útiles escolares, el pequeño bolso de su hija, algunos juguetes. Todo estaba cubierto de lodo, olía mal, pero él seguía decidido a encontrar a sus hijos. Trabajaba en un área a la que aún no habían llegado los buldozers. Todas las familias del área parecían encontrarse en la misma situación, afanados por encontrar a sus seres queridos desaparecidos. Del suelo emanaba el insoportable olor a muerte. Algunos usaban máscaras quirúrgicas para cubrirse la boca. Otros vomitaban. De vez en cuando se escuchaba un grito:

"¡Aquí hay parte de un cuerpo!"

O se escuchaba: "Mujer. Pelo largo. Blusa blanca. Encaje en el cuello."

Y alguien respondía: "Es mi hija."

Los socorristas tomaban el cuerpo y lo metían en una bolsa con un rótulo de identificación. Las familias que cavaban en aquel lugar utilizaban pequeñas palas, como las de los baldes con los que juegan los niños en la playa. Excavaban cuidadosa y meticulosamente, como arqueólogos buscando vestigios de ruinas antiguas. Pero se acababa el tiempo—las aplanadoras se acercaban más y más cada hora. Nuestra hora límite se aproximaba también. Debíamos salir de El Salvador a la mañana siguiente, y aún teníamos que escribir, editar y trasmitir nuestro reportaje. Cuando ya era tarde y estaba muy oscuro, le recordé a mi camarógrafo, Ángel, que tendríamos que irnos pronto. Estaba exhausto y emocionalmente agotado. Pero me indicó que no con la cabeza y siguió filmando mientras el hombre seguía cavando.

"No me puedo ir," susurró. "Mis luces son lo único que tienen. ¿Cómo nos vamos a ir?"

Había gastado ya varias baterías. Cada vez que una se agotaba, iba a su bolsa y sacaba otra. Ya no estaba filmando para nuestra historia de ocho minutos. Simplemente mantenía encendida la luz para los niños enterrados.

Entonces, repentinamente, el padre que habíamos venido siguiendo comenzó a gritar:

"¡Aquí está! ¡Aquí está!"

Los socorristas vinieron corriendo a la montaña de tierra sobre la que estaba parado y destaparon la pierna y el pie de una criatura. El padre cayó al suelo doblado en dos.

"Es mi hija," sollozó. "Ya puedo dejar de buscar. Éste es el fin para mí."

Le pregunté cómo sabía que era su hija. Dijo algo que no he podido olvidar.

"Un padre conoce los pies de su hija. Un padre conoce los dedos de los pies de su hija."

Pensé en mis dos niñitas y en cómo les hago cosquillas en los dedos de los pies y les digo que tiene los piececitos más lindos del mundo. No tenía palabras. Ángel y yo recogimos nuestras cosas y nos fuimos de la montaña. Viajamos en silencio hasta la oficina donde pasamos la noche armando nuestro reportaje, todavía aturdidos por lo que habíamos visto. Dejamos El Salvador a la mañana siguiente, pero nunca pude librarme de esas imágenes. Intenté volver a mi rutina diaria, inclusive fui a la cita que tenía para que me arreglaran las uñas. Pero tan pronto como Maribel, la manicurista, me preguntó cómo me había ido en mi viaje, irrumpí en llanto. Y cuando una productora se quejó de que mi historia se pasaba del tiempo por un minuto, le respondí:

"Está bien. Córtala. Pero tú decides qué vas a cortar. ¿La parte donde él cava con desesperación? O, tal vez ¿la parte donde encuentra el pie de su hija? Tú decides."

ARRIBA: Esta foto me la tomó mi padre.

A LA DERECHA: Yo, frente a nuestro
apartamento en Los Ángeles a los
catorce años. (Casa de las cucarachas ...)

⁂

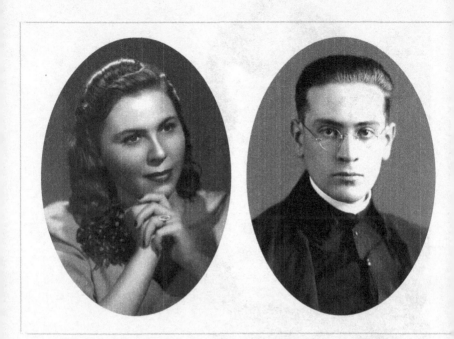

Mi madre.

Mi padre de sacerdote, en diciembre de 1933.

A LA DERECHA: Mi padre cuando era sacerdote con su hermano el Padre José Antonio Cordero Salinas y su sobrina Lucila, en la misa de sus quince años, el 1 de mayo de 1943.

Mis padres antes de tener hijos.

Retrato familiar a principios de los ochenta. De izquierda a derecha: mi hermana Tina, mi hermana Isabel y yo. Sentados frente a nosotras están mi papá y mi mamá.

DERECHA: Mis sobrinos Cici y Charlie, a los tres años.

ABAJO: Con mi esposo Eliott Rodríguez cubriendo la visita del Papa a Cuba en 1998. En aquella época, Eliott trabajaba en el canal 10, la filial de ABC en Miami.

Con mis hijas en agosto de 1999. Julia tenía 5 años y Gaby (en blanco) tenía dos.

ARRIBA: Equipo de presentadores de la 34 KMEX-TV, a principios de los ochenta. De izquierda a derecha: yo, mi co-presentador Eduardo Quesada, el presentador de deportes Jorge Berry (de pie) y nuestro director de noticias Pete Moraga.

ABAJO: Jorge Ramos y yo en el set del Noticiero Univision.

ARRIBA: Entrevista con el subcomandante Marcos del Ejército Zapatista de Liberación Nacional en la Ciudad de México, en el 2000.

ABAJO: Bill Clinton con nuestro equipo. De izquierda a derecha: el camarógrafo Carlos Calvo, yo, Clinton, Alina Falcón (nuestra directora de noticias en ese entonces, ahora vicepresidente de Univision) y el camarógrafo Joe Aguila.

Con un grupo de soldados hispanos en Camp Victory en Kuwait, unos días antes de viajar a Irak.

ARRIBA: Entrevistando a un soldado hispano en Irak.

ABAJO: Con el camarógrafo Ángel Matos junto a lo que quedaba de la estatua de Saddam Hussein.

No podía entender, por todos los cielos, cómo alguien se preocupaba por un minuto cuando se trataba de una historia tan trágica. Aunque también era cierto que aún no me había vuelto a adaptar a la modalidad de la televisión. Había pasado varios días siguiendo la tragedia de este padre y aún me encontraba allí. Vertí todos mis recuerdos en mi columna sindicada que titulé "Caminando Sobre la Muerte."

Unos días después, Ángel y yo viajamos juntos a Washington a cubrir la primera toma de posesión presidencial de George W. Bush. Mientras me acomodaba en mi puesto en lo alto de un tejado que miraba hacia la Casa Blanca, me sentí terriblemente ajena a la historia. La ciudad a mis pies se agitaba entre la pompa y el ambiente de fiesta. En algún elegante salón, Jenna, la hija del presidente, lucía un vestido sin tirantes y bailaba con su padre. Abundaban los invitados en traje de gala y botas rancheras en las fiestas de la posesión presidencial. Por los monitores de nuestro estudio montado en el tejado pasaba un sinfín de imágenes. Eran imágenes hermosas y elegantes. Dios mío, pensé ¿en qué mundo vivimos? Me encuentro aquí, en uno de los pocos sectores más poderosos y glamorosos del mundo, y no puedo apartar de mi mente una parcela de lodo a miles de millas de distancia.

Aproximadamente un mes más tarde, en Miami, recibí una carta de un amigo de la familia salvadoreña que habíamos seguido. Según me dijo, se quedaron sin hogar y sin hijos, enfrentados a la tarea de reconstruir sus vidas. Pero a través de este amigo de la familia quisieron transmitirme su agradecimiento por publicar su historia. En una conmovedora posdata, este amigo agregaba que habían encontrado el cuerpo del otro niño, su hijo, poco después de que nos fuéramos. Me pregunté si habrían tenido que esperar a la luz del día, o si la luz de nuestras cámaras les pudieran haber ayudado.

OCHO

Dictadores, Hombres Fuertes y Comandantes

Hay personas comunes y corrientes y hay fenómenos de la naturaleza, criaturas que no piensan más que en tener control absoluto de su entorno y de los seres humanos que lo habitan. Aunque pueden diferir en ideología y metodología, se encuentran todos juntos en una galería de inmisericordes hombres fuertes latinoamericanos. Y todos tienen ciertas características en común. Viven dentro de una burbuja. Se rodean de capa tras capa de guardaespaldas, hombres serviles, guardias, perros bravos, perros falderos y muchos otros lacayos cuyo único propósito en la vida es construir una muralla al mundo exterior para que sus amos puedan permanecer tranquilos, sin que nadie los perturbe. Su séquito rivaliza inclusive con el de la misma J.Lo.

En un año memorable, 1989, entrevisté a Augusto Pinochet de Chile, a Daniel Ortega de Nicaragua y a Manuel Antonio Noriega de Panamá—un dictador de derecha, un aspirante a dictador de izquierda y un hombre fuerte dispuesto a volar hacia donde soplara el viento.

No puedo decir que sepa cómo trascurre la vida al interior de sus burbujas, pero he podido darme una leve idea. Y, por lo que he podido ver, ni siquiera García Márquez habría podido conformar semejante elenco. Al menos no sin la ayuda de Fellini.

EL AMORÍO DE NORIEGA

El general Manual Antonio Noriega, el temido militar y hombre fuerte de Panamá hasta que una invasión de los Estados Unidos determinó su suerte—enviándolo a una prisión federal en Miami—odiaba las entrevistas de televisión.

La verdad es que, a pesar de todo su poder y de sus famosos guardias "Doberman," sufría, aparentemente, de una especie de trastorno de ansiedad social. Cuando en 1989, apenas unos meses antes de la invasión, Noriega no respondía a mis incontables solicitudes para una entrevista, pregunté a nuestra corresponsal en Centroamérica a qué se debía ese silencio. Nuestra corresponsal, Mónica Seoane, me reveló, en secreto, una de las rarezas de este personaje: "No le gusta tener cerca a personas que no conoce." Con esto, Mónica no pretendía dárselas de astuta, ni defender a toda costa una fuente especial. Claro que tenía el teléfono de Noriega entre sus números de discado rápido. Pero tenía también fuentes confidenciales, de todas las tendencias del espectro político, por toda la región. Por otra parte, si hubiera querido proteger a una fuente exclusiva o a alguna relación periodística en este caso, la habría entendido. Pero no se trataba de eso. De hecho, parecía estar personalmente molesta por la negación de Noriega a responder, de una u otra forma, a nuestras solicitudes para una entrevista. Prometió que me ayudaría en todo lo que pudiera.

Fue así como, cuando Mónica supo que había algún tipo de evento fuera del Palacio Presidencial, llamó al General y le informó que ella estaría allí. "Búscame," le dijo.

Cuando llegamos al evento, me indicó que la esperara en una esquina cercana, detrás de la barrera de la prensa.

"Está bien, cuando venga a hablar conmigo, te avisaré para que te acerques," conspiró Mónica.

Esperé detrás de la barrera alguna señal de la llegada de Noriega. Cuando al fin llegó, ocurrió lo que Mónica había predicho. El General fue directamente a hablar con ella. ¿Quién podía culparlo? Era una mujer guapa y sensual de ojos verdes con un espíritu libre y una sonrisa fácil. Para su sorpresa, ella me llamó y nos presentó. Comprendí que no le había gustado ese gesto. Era evidente que quería hablar a solas con ella. Aún así, nos invitó a entrar al palacio para darnos un tour personal. En un momento revelador, llamó a su presidente, Manuel Solís Palma, para invitarlo a que se reuniera con nosotros:

"Ven acá, quiero presentarte a mis amigas."

Después de nuestro paseo por el palacio, Noriega aceptó concederme una entrevista en los días siguientes. Ya estaba dentro—o al menos eso creía.

El día de nuestra entrevista, trajimos a Mónica con nosotros para que nos abriera puertas. Llegamos a las barracas donde el General tenía su oficina, y sus guardias nos separaron a todos. Mi productor, Rafael Tejero, mi fotógrafo y nuestro equipo fueron llevados a habitaciones separadas para una requisa, mientras que Mónica y yo fuimos llevadas a otra. Cuando los guardias terminaron con nosotros, Mónica llamó al General para decirle que estábamos listas para hablar con él. Pude ver que estaba disgustada—dirigió la mirada al cielo y protestó.

"No, Tony. Dije que no. Te dije que no iba a… Tony… óyeme… no soy yo la que va a hacer la entrevista. La va a hacer María Elena ¡y punto!"

Parecía que le estuviera hablando a un hermanito menor indisciplinado, o, aún peor, a un esposo sumiso. Y, de repente, le colgó el teléfono. El General había encontrado su contraparte. Ella se volvió hacia mí y sonrió.

"No te preocupes. Lo entrevistarás y todo saldrá bien."

Dicho esto, nos dirigimos a la oficina de Noriega. Él nos condujo a una pequeña salita y después de un intercambio de frases intrascendentes, Mónica se disculpó y se fue. Cuando vi la expresión en la cara de Noriega, quise salir corriendo detrás de ella y obligarla a regresar. Sin ella ahí, la sala parecía vacía. Estábamos solos, el General y yo rodeados por un pesado silencio. La expresión de Noriega era de contrariedad, mientras yo examinaba el entorno, observando los detalles más extraños, como la mecedora de madera con el nombre "Tony" tallado en el espaldar. En el fondo de la salita había un televisor encendido. Noriega lo miró fijamente, mientras jugueteaba con sus manos, hasta que, por fin, rompió el hielo:

"Mire—esa es su estación. La veo todo el tiempo."

Me di vuelta para mirar el televisor. Estaba sintonizado en Televisa.

"Yo no trabajo para Televisa. Trabajo para Univision," le expliqué, esforzándome por iniciar una conversación intrascendente, sobre cualquier tema. Intenté manejar la situación lo mejor que puede hasta que llegó la hora de hacer la entrevista, que habíamos acordado que sería al aire libre, cerca del Canal de Panamá. Queríamos un escenario más natural, más casual. Desafortunadamente, ni siquiera el aire fresco logró tranquilizar al General. Todas sus respuestas fueron lacónicas y cínicas.

"Si la gente quiere que se vaya ¿por qué no lo hace?", le pregunté.

"Porque el problema no es un hombre, es un canal," respondió.

"¿Cuándo dejará el poder?", le insistí.

"Cuando llegue el momento," me respondió en tono cortante.

"¿Cuándo será eso?"

"Cuando sea hora."

Sé que probablemente esperaba que fuera hora de que la entrevista se acabara. Su hora de irse llegó unos pocos meses después.

FUJIMORI, POR COVER GIRL

Entrevisté al ex presidente de línea dura del Perú, Alberto Fujimori, en dos oportunidades: una en 1992, durante la Cumbre de los Países Andinos en San Antonio, Texas, y luego, algunos años después, cuando se postuló para ser reelegido a un tercer período. Afortunadamente, al momento de la última entrevista, no se acordaba de la primera vez que nos vimos.

Ese primer encuentro empezó de forma bastante difícil y su final fue aún más desastroso. Entró a la sala donde tendría lugar la entrevista con una actitud dominante y una pregunta extraña:

"¿Tiene usted maquillaje?"

¿Maquillaje? Le entregué mi polvera. La abrió, se miró en el pequeñísimo espejo y se polveó toda la cara. Ya sin brillo, aceptó mis preguntas. Y yo tenía muchas para él acerca de las acusaciones de corrupción en las fuerzas armadas y la policía del Perú.

"No hay tal corrupción en las fuerzas militares," me respondió en tono cortante.

Le enumeré unos cuantos ejemplos de las acusaciones que habíamos escuchado. Sostuvo que dichas acusaciones podrían ser ciertas para la policía, pero no para el ejército.

"¿Entonces lo admite?", le pregunté.

"No exactamente," respondió, e inició una justificación.

"Entonces, la justifica," le dije.

"No la estoy justificando. Estoy diciendo que hay razones," respondió.

Pasamos a otros temas pero, cuando terminamos la entrevista, seguía molesto.

"No me gustó la forma como me hizo esa pregunta," me dijo. "Me hizo quedar como si estuviera admitiendo y justificando la corrupción."

Con amabilidad, intenté explicarle que le había dado amplia oportunidad de exponer su caso.

"Sí, pero esas acusaciones fueron injustas," insistió.

Le dije que había basado mis preguntas en un documento de una fuente peruana.

"Bien, entonces, vuélvame a hacer la pregunta, pero esta vez pregúnteme por esa persona específica," insistió.

"No, señor," le respondí. "No voy a arreglar así una pregunta."

No estaba dispuesta a permitirle, a él ni a ninguna otra fuente, que me dijera qué preguntas debía hacer. Pero Marilyn, mi productora, insistió en que le diera gusto.

"Hazlo, María Elena. Sólo hazle la pregunta," me dijo.

Y lo hice, con el pleno convencimiento de que, en último término, no la utilizaría.

Unos años después, fui a Perú a cubrir su campaña para la reelección. Llegamos justo a tiempo y nos dirigimos de inmediato al aeropuerto militar para acompañar a Fujimori al área rural. Durante el vuelo, decidí alejarme del área de prensa e ir hacia la parte de adelante del avión. Quería recordarle al presidente que había aceptado una entrevista cara a cara. Pero cuando llegué allí, un guardia me detuvo, antes de que pudiera llegar a la fila presidencial. Supe que Fujimori estaba acostado durmiendo.

"No lo moleste mientras descansa, y ni siquiera se le ocurra filmarlo mientras duerme," me advirtió el guardia. Entonces me devolví, consciente de que lo había encontrado en el momento más sagrado del día: la hora de la siesta. Fujimori no era de los que duermen de noche. No, permanecía despierto hasta tarde, leyendo, navegando por Internet, enviando e-mails. La noche no era para dormir, era para trabajar. Sólo dormía por esos cortos períodos de tiempo que le robaba a su horario, como durante un vuelo.

Ya en tierra, viajamos con el presidente en su "chinomóvil", su camión de cama plana, recorriendo áreas indígenas deprimidas. Sus funcionarios lanzaban propaganda de la campaña a las multitudes y las personas se amontonaban para agarrar lo que pudieran, un lápiz, una camiseta, una gorra. Desde su lugar, detrás de la barandilla del vehículo, Fujimori parecía gozar de la escena que se desarrollaba a sus pies. Reía ante el espectáculo de las personas que se lanzaban unas sobre otras, y los niños que caían al suelo, con sus manos en alto.

Yo me aferraba a la barandilla, horrorizada ante el espectáculo, y aún más horrorizada por la insensibilidad del presidente en cuanto a la seguridad de su pueblo.

"¿No le preocupa que alguien pueda morir?" le pregunté por fin.

"No, no es nada. Esta gente sabe qué hacer," me respondió mientras saludaba a sus seguidores. "Les encanta."

Todavía fresco por los efectos de su restauradora siesta, Fujimori mostraba su gran sonrisa de candidato, mientras que yo, por otra parte, estaba hecha un desastre. Llevaba prácticamente 24 horas sin dormir y ahora estaba soportando este viaje salvaje. Sólo podría hacer mi entrevista con él a la 1:00 de la madrugada. Me preguntaba cómo iba a resistir esa jornada.

Tal vez el presidente podría prestarme su polvera para taparme el cansancio.

TRES PRESIDENTES EN TRES DIAS

En febrero de 1997, el presidente de Ecuador fue derrocado por la legislatura ecuatoriana con base en su "incompetencia mental."

El golpe dio pie a un importante y pintoresco reportaje, uno que cualquier periodista se apresuraría a cubrir. Pero, en esos días, me resultaba difícil apresurarme a llegar a cualquier parte. Estaba en el séptimo mes de embarazo de mi segunda hija. Lo último que necesitaba era salir corriendo no detrás de uno sino de tres "presidentes."

El hecho era que, en el caos que siguió al golpe de estado, tres de los principales políticos de Ecuador comenzaron a reclamar el derecho constitucional a la presidencia. Naturalmente, el primero era el recién depuesto presidente, un personaje llamativo que a veces se convertía en cantante y comediante, llamado Abdala Bucaram, una persona tan obstinada que más de un golpe de estado fue necesario para mantenerlo alejado de Ecuador. Además, se apodaba a sí mismo "El Loco."

Luego, estaba su vicepresidente, Rosalía Arteaga—quien

creía que la ley protegía su derecho a la presidencia interina. Y, por último, estaba el presidente del congreso nacional, Fabián Alarcón, quien insistía que según la constitución, el honor le correspondía a él.

Así, cuando mi equipo y yo aterrizamos en Quito, no sabíamos, a ciencia cierta, a quién entrevistar primero. ¿Al que estaba detrás de la puerta número uno, de la puerta número dos, o de la puerta número tres? Cubrimos nuestras bases entrevistando tanto al presidente del congreso nacional que había encabezado la demanda de "incompetencia mental," como a la vicepresidente. Fue esta última la que me dio el número del teléfono celular de Bucaram, quien estaba desahogando su cólera en su casa de Guayaquil. Cuando lo llamé y le pedí una entrevista, aceptó.

Tomamos un avión a Guayaquil y fuimos directamente a la casa de Bucaram, donde nos dio una conferencia de prensa. Pero se enfureció a tal punto que, cuando terminó, salió como una tromba hacia otra habitación cerrando de un golpe la puerta de vidrio tras de sí. Lo seguí y golpee en el vidrio.

"Dijo que me daría una entrevista personal," le dije.

"No. Ya dije lo que tenía que decir," me respondió enfurecido.

Luego vi que sus ojos se iluminaron y al darme la vuelta, me encontré ante una rubia alta y voluptuosa en minifalda, una redactora de una revista de Chile, parada detrás de mí ante la puerta. Ella golpeó el vidrio y le ronroneo un cumplido.

"Te ves tan delgado, Abdala," le dijo, y luego le pidió una entrevista. Para mi indignación, se la concedió.

"Vuelve en un momento," le respondió en el mismo tono cursi, y antes de que me diera cuenta, desapareció.

Ahí estaba yo, con siete meses de embarazo, sintiéndome poco atractiva, por decir lo menos. Pero no iba a permitir que una gatita sensual me robara la entrevista. Se aproximaba mi hora límite. Pronto tendría que irme a un canal local para escribir, editar y enviar mi historia para el noticiero. Fue entonces cuando hice lo más denigrante que he hecho en toda mi carrera. Volví a golpear el vidrio, y cuando él se asomó, presioné mi barriga contra el vidrio. No reconocí la extraña voz que salió de mí.

"¡No vine hasta aquí, poniendo en riesgo la vida de mi bebé para irme sin una entrevista!", le dije en tono atronador.

Simplemente no aceptaría un no por respuesta, sobre todo no de parte de El Loco. Hasta entonces, una buena parte de mi carrera se había basado en entrevistas a presidentes y líderes de América Latina. Este tipo no sería la excepción.

Los desorbitados ojos de Bucaram se fijaron en mi estómago.

"Vuelva en dos horas," respondió.

Entonces, regresé a la estación local para armar mi historia y volví de prisa a su casa. Pero cuando llegué, no me dejaron entrar. Le rogué al guardia. "Él, personalmente, me dijo que volviera," insistí.

"Lo siento," respondió el guardia.

Entonces, tomé mi teléfono celular y llamé a Bucaram. Lo llamé una y otra vez, hasta que contestó. Una vez más salió de mí esa voz extraña:

"Estoy aquí afuera, frente a su puerta. Dijo que me daría esta entrevista y ahora sus guardias me dicen que no puedo entrar."

Hubo una larga pausa. Entonces dijo:

"Está bien. Siga," dijo el presidente.

Momentos después, estaba lanzando toda clase de improperios contra sus enemigos políticos, jurando que regresaría. No pude dejar de recordar la última vez que lo había visto. Había sido durante un golpe anterior, cuando se vio obligado a exiliarse en Panamá. Lo vi un día, cerca de la piscina de nuestro hotel, estirado en un diminuto traje de baño. Ese recuerdo me llevó de nuevo a nuestra entrevista.

"¡Seré cinco veces presidente, y cinco veces me tendrán que derrocar y cinco veces volveré!", dijo enfurecido.

Francamente, no me sorprendería, pero no importaba. Lo importante era que, por fin, había conseguido mi entrevista.

EL PALACIO DE PINOCHET

Cuando el dictador chileno Augusto Pinochet realizó un plebiscito sobre su gobierno, en 1988, una gran mayoría de sus compatriotas le enviaron un contundente mensaje: deje el cargo y convoque a elecciones.

Sus gritos de júbilo llenaron las calles frente al Palacio de la Moneda en Santiago. Desde la terraza del último piso del Hotel Carrera, podía ver la celebración y oír los cantos:

"¡Y ya cayó! ¡Y ya cayó!"

Un año después, regresé a Santiago para las elecciones, con un objetivo en mente: entrevistar a Pinochet. Era una meta ambiciosa—el General no concedía muchas entrevistas, sobre todo a los periodistas extranjeros. Pero nuestro productor, un periodista chileno, Francisco Ginesta, tenía buenos contactos en el gabinete. Uno de los ministros era un antiguo compañero de colegio. Por lo tanto, Francisco lo llamó y le pidió que nos ayudara a conseguir la entrevista.

No tenía muchas esperanzas, pero una noche se apareció en mi hotel con una botella de sabrosa champaña chilena.

"Mañana entrevistaremos al General," anunció con una sonrisa.

No lo creí, pero de todas formas bebí la champaña. Luego me preparé meticulosamente para la entrevista, por si acaso estaba en lo cierto. Leí recortes de noticias y elaboré una larga

lista de preguntas, que redacté y volví a redactar una y otra
vez. Elegí lo que me pondría para la entrevista, un vestido rojo
con una chaqueta corta del mismo color, con botones dorados
y hombreras—mi "traje de general." Fue la única vez en toda
mi carrera que me preparé con lujo de detalles para una entrevista, sin creer que realmente la haría.

Sólo cuando ya estábamos avanzando hacia las adorna-
das puertas de La Moneda, empecé a sospechar que realmente
se llevaría a cabo la entrevista. Los guardias del palacio nos
separaron para requisarnos. Me llevaron a un enorme salón
con una decoración suntuosa, con paredes enmarcadas en ho-
jilla de oro que más parecían hermosos paneles de arte. Allí,
un oficial me interrogó como jamás me habían interrogado:

¿Qué le va a preguntar?

¿Por qué le va a preguntar eso?

¿Cree que es prudente hacerle esa pregunta?

Claro que no respondí toda la verdad, sólo lo suficiente
para satisfacer su curiosidad. Cuando terminó mi interroga-
torio, trajeron a Francisco y a nuestro fotógrafo. Luego, como
por arte de magia, una de las paredes enmarcadas en oro se
abrió hacia otro salón. Esperaba encontrarme con El Mago,
pero, en cambio, allí estaba Pinochet, sentado en una especie
de escenografía de película, iluminado por brillantes reflecto-
res y rodeado de una docena de militares uniformados. Había
una silla vacía. La mía, supuse. Jamás había visto nada semejante. El General no sólo trajo consigo unos cuantos de sus

guardias de confianza sino que también trajo su propio equipo de video. Nos fue difícil lograr convencer a sus encargados de prensa de que nos permitieran utilizar nuestras propias cámaras y micrófonos. No íbamos a dejar que controlaran nuestra entrevista. Para cuando todo estuvo listo, había una maraña de equipos y micrófonos orientados hacia Pinochet. En eso terminó nuestra entrevista íntima, cara a cara.

Pinochet me observó con curiosidad. Tenía la mirada de un dulce abuelito. ¿Quién podría imaginar que tras esa sonrisa inofensiva se ocultaba un insensible dictador involucrado en tanto derramamiento de sangre?

"*¿Y tú eres cubana?*", me preguntó.

"No, soy de origen mexicano," le respondí.

Sorprendido, el General volteó a mirar a uno de los miembros de su comitiva. "Creí que me había dicho que eran cubanos de Miami," le dijo.

De razón había aceptado concedernos la entrevista. Supuso que éramos (a) exiliados cubanos y (b) simpatizantes de su causa de extrema derecha.

Mi puntaje cayó aún más cuando comencé a hacerle mis preguntas.

"Señor presidente, ha sido acusado de violar los derechos humanos de su pueblo…"

"¿Qué?"

"Violaciones de derechos humanos. Desapariciones. Asesinatos…"

"¿Qué? En Mexico tienen más violaciones de los derechos humanos de las que tenemos en Chile."

Después de eso, a cualquier cosa que le preguntaba, Pinochet respondía, casi siempre, con lacónicos monosílabos:

Sí. No. Sí. No.

Fue la peor entrevista de mi vida. Lo mejor de esa entrevista fue que nos la dieron.

"¿Tiene intenciones de postularse para la presidencia en el futuro?", le pregunté. Me miró despectivamente.

"¿Cree que yo soy pitoniso?"

No, no me parecía. El brillante reflejo de las luces sobre los botones de su uniforme revelaba el color azul acerado de sus ojos.

El Mal Paso de Fidel

Después de tantos años de vivir en Miami, tal vez por ósmosis, he venido a esperar El Día. Las calles serán una sola celebración, la champaña correrá a rodos y las ondas de radio y televisión se estarán desbordando de la euforia de la población exiliada que se sentiría reivindicada. El Día—El Día que Caiga Fidel—es una esperanza grabada en las mentes de más de una generación. ¿Cómo se irá: con una gran explosión o con un gemido?

Pero en algún momento, antes de que eso ocurra, me

gustaría poder entrevistar al dictador cubano. Sé exactamente lo que le preguntaría. Desde hace más de diez años tengo una larga lista de preguntas preparadas, y la actualizo regularmente, sólo por si alguien me llama a decirme que el anciano "Comandante en Jefe" está listo para su entrevista con Univision.

He venido escribiendo cartas a Fidel Castro por más de diez años, pidiéndole que me conceda una entrevista. He intentado toda clase de contactos—oficiales y no oficiales. Se lo he pedido a sus ministros, a sus cónsules, incluso a sus familiares. Pero, hasta el momento, no he tenido suerte.

En febrero de 2002, estuve cerca. Llegué a encontrarme cara a cara con el mismo Castro durante un viaje a La Habana. Había ido a la capital cubana a cubrir la visita del presidente de México, Vicente Fox. Mis credenciales me daban acceso a todos los eventos públicos relacionados con esa visita de estado, siempre que me mantuviera dentro del área acordonada para la prensa. Sin embargo, los oficiales de seguridad cubanos habían establecido claramente las reglas básicas: no debía haber preguntas para el *Comandante*. Nada de entrevistas, nada de comentarios casuales. Sólo se nos permitía hablar con Castro si él se dirigía a nosotros primero. Sin embargo, tomé mi lista de preguntas, por si acaso.

También ayudaba tener amigos en la delegación mexicana. Durante el primer día de la visita de Fox, se las arreglaron para incluirme en una recepción privada que se hacía en homenaje al historiador habanero Eusebio Leal. Recibiría un reconocimiento especial del gobierno mexicano y se esperaba que Castro asistiría a la ceremonia. Los agentes de seguridad estatales detectaron mi presencia e intentaron sacarme rápidamente de la recepción, pero me tomé mi tiempo y, de alguna forma, los pude eludir lo suficiente como para desaparecer entre la multitud. Luego, Fidel hizo su ingreso.

Me fui deslizando por entre el gentío hasta que me encontré a cuatro pies de Fidel. La ceremonia estaba a punto de terminar y los invitados empezaban a abandonar el lugar. Seguí a Castro mientras se dirigía a una salida por la que había que bajar una escalera.

"Buenas tardes, Comandante," le dije, alcanzándolo. Se dio la vuelta para mirarme y tuvo cierta dificultad para mantener el equilibrio. Me apresuré a acompañarlo por la larga escalera de caracol, observando cómo se agarraba del pasamanos para ayudarse en el descenso. Ya no caminaba con el elegante garbo del legendario ícono revolucionario, sino con el paso inseguro y sinuoso de un anciano.

"Señor Castro, he intentado entrevistarlo desde hace diez años," le dije.

"Acabo de conceder una entrevista a la televisión mexicana," me respondió.

"Pero yo no soy de la televisión mexicana," le insistí.

Castro estiró la mano para tomar la credencial de prensa que colgaba de mi cuello. Frunció el ceño.

"¿De dónde es usted?", me preguntó.

"De Florida," le respondí.

"¿Por qué todas las mujeres hermosas son de Miami?", comentó de una forma que me cogió desprevenida. Mi intención era sacar mi lista de preguntas, pero me demoré en hacerlo. Creo que eso fue lo que pasó. Además, de nada me hubiera servido en este momento lanzar mi serie de preguntas. Mi camarógrafo no estaba en las proximidades. Se había quedado atascado en el área acordonada. Ni siquiera con su lente de zoom hubiera podido captar mi conversación.

"Trabajo con Univision, una cadena que llega a millones de televidentes hispanos en Estados Unidos y en varios países de América Latina," le dije. "Y me gustaría entrevistarlo."

De reojo pude ver que se acercaban sus guardias. Tenía que pensar con rapidez.

"Conozco a su hermana, Juanita," le dije, buscando algún punto de conexión. Eso, efectivamente, captó su interés. Se detuvo y me acercó al lado de la escalera.

"¿Tiene algún mensaje para ella?", le pregunté. Además le conté que compraba mis medicamentos en su farmacia en Miami.

Por un momento se puso nostálgico. Hacía cuarenta y

dos años que no hablaba con su hermana exiliada. Ella ha sido una de sus más notorias críticas, pero, aparentemente, no era en eso en lo que pensaba mientras trataba de mantener el equilibrio sosteniéndose del pasamanos de la escalera.

"Ella tomó una decisión en su vida, pero yo no la culpo," respondió.

Cuando llegamos al pie de la escalera, Castro se acercó el presidente Fox y comenzó a alejarse.

"¿Qué me dice de una entrevista?", le dije en voz alta mientras se alejaba.

"¿Para qué? de todas maneras no le permitirán trasmitirla," respondió Castro antes de que sus guardias se interpusieran al fin entre nosotros.

Mis preguntas estaban quemando un agujero en mi bolso. No había estado más cerca del momento de tacharlas. Pero me había acercado más que muchos. Cuando volví a Miami, no pude decir que hubiera visto a Fidel caerse, ni siquiera tambalearse. Pero, por lo que pudiera valer, sí lo vi a punto de perder el equilibrio en las escaleras.

¿Quién Es Ese Enmascarado?

Los rebeldes enmascarados vendrían a la capital. La Ciudad de México se preparó para la invasión de los Zapatistas en el

2001. No era una guerra, sino una demostración histórica protagonizada por los esquivos rebeldes del estado de Chiapas, que esperaban que el nuevo presidente de México, Vicente Fox, fuera el primer jefe de estado dispuesto a considerar las reformas para la población indígena de México.

Como era de esperarse, la estrella de este espectáculo sería el más misterioso de todos, el líder rebelde con el nombre de guerra de un antihéroe. Marcos no era un *Comandante*, con C mayúscula, autoproclamado, sino un *subcomandante* con s minúscula.

El subcomandante Marcos era un maestro en ocultar su verdadera identidad. Aunque provocaba intriga, desviaba hábilmente la atención hacia la causa más importante, la del pueblo empobrecido y privado de todos sus derechos civiles, que decía representar. Además, a pesar de que su imagen se había convertido en una marca tan omnipresente como la de cualquier estrella de rock, permanecía prácticamente inaccesible al mundo exterior. Como periodistas sabíamos muy bien que debíamos pasar por muchas capas de *comandantes* para poder llegar al *subcomandante*. Pero lo intentamos.

Contratamos a Lupillo, un joven de Chiapas, para que fuera nuestro intermediario con los altos mandos Zapatistas, con la esperanza de que nos ayudara a lograr una entrevista con Marcos. Le pagamos la alimentación y el transporte para que siguiera la caravana de los rebeldes hasta la capital, y le pedimos que entregara cartas solicitando una entrevista con "El Sub." Los rebeldes dependían de voluntarios locales como Lupillo para ayudarles a promover su causa, por lo que pudo entregar unas diez cartas, aunque aún no habíamos recibido una respuesta en firme.

Cuando Marcos llegó a la Ciudad de México, decidimos entregarle personalmente nuestras solicitudes en el improvisado comando de los rebeldes instalado en los predios de la universidad local, en la Escuela Nacional de Antropología e Historia. Aunque, por lo que nos habían dicho los representantes, teníamos la sensación de que Marcos nos daría la entrevista, no lo sabíamos con certeza. Cuando faltaban pocos días para que terminara la permanencia de los rebeldes en la capital, fue aumentando nuestro pesimismo en cuanto a las probabilidades de lograr una entrevista. Sin embargo, convencí a mis jefes de que me dejaran permanecer allí un par de días más.

La víspera de mi regreso a Miami, llamé de nuevo a los rebeldes. Los volví a llamar una y otra vez hasta las cuatro de la mañana.

"Llame de nuevo en cuarenta minutos," me respondían.

Pero amaneció y era hora de irme. Llamé una vez más y les dije que me iba, pero que mi solicitud seguía en pie. Les pedí que me avisaran con veinticuatro horas de anticipación en caso de que pudiera realizarse la entrevista para darme tiempo de coordinar la logística. Ya había empacado y había enviado mi equipaje al primer piso con el botones del hotel, mientras me preparaba para dejar mi habitación por última vez. Tenía que tomar el avión en un par de horas para poder llegar a tiempo a presentar el noticiero esa noche desde Miami. Cuando me encontraba a punto de colgar el teléfono, la representante de los rebeldes, con quien había estado hablando, me dijo que esperara un segundo. Luego oí la voz profunda de un hombre.

"Hola, María Elena," me dijo.

"¿Quién habla?," pregunté.

"Marcos."

Claro. Me había tenido esperando hasta el último minuto y, ahora, no sabía si debía darle las gracias o insultarlo.

"Discúlpame por hacerte esperar tanto tiempo," dijo. "Podemos hacer la entrevista esta noche."

Por consiguiente, pedí que me subieran de nuevo las maletas, desempaqué y presenté el programa desde México. Después del noticiero, me fui al campus de la universidad para hacer la entrevista. Esta vez *yo* era la que me sentía como una estrella de rock. Tenía la mayor comitiva que haya tenido jamás. Todos, absolutamente todos querían conocer al *subcomandante*.

Hicimos la entrevista en el escenario del teatro de la escuela—la escena era extraña, se encontraban allí personas de la televisión, representantes de los distintos grupos y los rebeldes enmascarados, quienes, a propósito, no se habían bañado durante toda su estancia en la Ciudad de México, por temor de que posibles cámaras ocultas revelaran sus rostros.

"Yo no me acercaría demasiado," bromeó conmigo Marcos.

Guardando mi distancia, le entregué el micrófono y se lo puso con la familiaridad de un experimentado comunicador. Durante las dos horas que siguieron hablamos de todo—de su lucha por la justicia social, de sus filosofía, de las metas políticas de su movimiento, de su infancia, de su relación amorosa y de la vida en la selva.

Empezamos preguntándole por qué había ido a dar a Chiapas en primer lugar, y nos contó la siguiente historia:

"Estaba borracho perdido y decidí que quería ir a ver el mar en Acapulco. Entonces compré un boleto de autobús para ir a ver el mar en Acapulco, pero me equivoqué de camión. Entonces terminé en San Cristóbal de las Casas, en Chiapas. El hecho fue que al bajar del bus miré a mi alrededor y dije, 'Pero ¡quiero ver el mar!' Continué curándomela con más alcohol y me monté en otro camión pero también era el bus equivocado. Fui a dar a Ocosingo. Allí, pregunté a los indígenas dónde estaba el mar," repitió.

Quiero mirar el mar.

"Me dijeron que subiera a un auto y siguiera el camino hacia la selva, que allí encontraría la laguna Miramar. Cuando estaba en lo más profundo de la selva, me empezó a pasar la borrachera y me di cuenta que no estaba ni cerquita de Acapulco. Busqué la puerta de salida pero no pude encontrarla. Han pasado dieciocho años desde entonces," nos dijo.

¿Quién es este hombre?, me preguntaba. ¿De qué habla?

"Bonita historia," le dije. "Ahora cuénteme la verdadera."

Se echó a reír.

"Esa *debería* ser la verdadera," dijo. "¿No cree que nuestro movimiento merece una historia así?"

Ahí terminó la fábula y empezó la entrevista. Nos había permitido ver por un instante su mundo de fantasía. Pero nunca nos dejó echar un vistazo al rostro detras de la máscara.

NUEVE

"¿Tienes Trabajo, Mamá?"

Queridas Julia y Gaby:

Todas las noches, mientras duermen, entro a su cuarto, les doy un beso de buenas noches y les digo que las quiero. Sé que están tan profundamente dormidas que no pueden oir mi voz ni sentir mis labios sobre sus pequeñas mejillas. Pero es algo que tengo que hacer.

No puedo dormirme sin expresarles el amor que les tengo, sin mirarlas una última vez. Tal vez en la mañana la pasaremos peleando.

"¡Niñas, tómense el desayuno!", estaré gritándoles. "Tienen que alimentarse para poder aprender lo que les enseñan en el colegio."

"Mamá, eres tan injusta," me dirán por no permitirles comprar un DVD portátil de $300 dólares.

Pero cuando llega la noche y las veo ahí con los ojos cerrados, acurrucadas en la cama, tan serenas, hermosas e inocentes, cuento mis bendiciones.

Qué suerte tengo de tenerlas como hijas. Casi toda mi vida soñé con ustedes. Cuando tenía catorce años, nacieron sus primos Cici y Charlie. Yo era apenas una niña, pero mis hermanas confiaban en mí y en mis amigas para que les cuidáramos sus bebés. ¿Pueden imaginárselo, unas bebés cuidando a otros bebés? Era como jugar a las muñecas. Pero funcionaba. Los cuidábamos muy bien. Se estableció de inmediato un lazo de cariño que me ha mantenido muy unida a Cici y a Charlie toda la vida, los quiero y los veo como si fueran míos. Pero no lo son.

Desde entonces, nunca quise nada tanto como ser mamá. Tomó más tiempo del que pensaba. Y el camino a la maternidad no fue fácil. Es curioso, porque muchos piensan que cuando una mujer tiene hijos tarde en la vida es porque así lo ha querido, y porque le ha dado más importancia a su carrera por lo que, sólo entonces, una vez que ha cumplido sus objetivos profesionales, está dispuesta a criar una familia. Pero ese no fue mi caso.

Tener una carrera era algo que hice mientras esperaba que ustedes llegaran. No fue por mi voluntad sino por las circunstancias de la vida que no me permitieron ser mamá hasta

*cuando tenía casi cuarenta años. Ahora quiero recuperar el
tiempo perdido, quiero ser su mamá, su amiga, su confidente.
Quiero saberlo todo acerca de ustedes y quiero que ustedes sepan
todo acerca de mí. Quiero compartir con ustedes una vida sin
secretos.*

CRECÍ CONVENCIDA de que la maternidad era
algo muy fácil. O como lo diría mi hija pequeña, "un pedazo
de pastel." Y tenía buenas razones para creerlo. Al menos
me parecía que a mi mamá no le costaba el menor esfuerzo, y
ella era mi modelo. Trabajaba sin cesar, sin embargo nunca
nos descuidó ni nos privó de nada. Le encantaban los ratos
que pasaba con nosotras. La imagen más nítida que tengo
de ella es la de una mujer sonriente que sabía hacer mala-
bares con sus obligaciones como costurera y sus responsabilidades como ama de casa. La recuerdo con un alfiletero
alrededor de su muñeca y unas tijeras en la mano, cortando
telas en su mesa de costura, o sentada ante su máquina de
coser, pedaleando mientras le colgaba de la boca una hebra
de hilo.

Siempre traía trabajo para terminar en casa, ya fuera de la
exclusiva casa de novias en la Ciudad de México o del austero
taller en Los Ángeles, y siempre tenía tiempo para terminar
sus tareas domésticas y preparar la comida todas las noches.

Hasta el momento, nunca he probado una sopa más deliciosa que la que ella nos preparaba en casa. Mi mamá no sólo sabía cumplir muy bien con sus deberes, sino que además era amorosa, paciente, dulce, fuerte y protectora. Soñaba con el día en que yo también sería madre. Y quería ser igual a ella.

Qué optimismo.

LAS COSAS no fueron exactamente como yo esperaba. Si, es cierto, heredé su ética laboral. Sé manejar dos trabajos a la vez. También traigo trabajo adicional a casa. Soy bastante hábil con el hilo y la aguja, pero no puedo cocinar, aunque de ello dependa mi vida. Pero en algún momento de mi acto de malabarismo, me di cuenta de que ser una mamá profesional es una de las tareas más difíciles a la que puede aspirar una mujer.

Claro está que se puede lograr. Millones de mujeres lo hacen día tras día, ya sea por necesidad o por elección. Pero para poder dominar con éxito el arte de la maternidad, hay que convertirse, física y emocionalmente, en supermujer. Después de pasar por cinco embarazos en cinco años, pensé que había superado la parte más difícil de la maternidad. Pero me equivocaba. Lo más difícil no fueron los dolores de parto, sino los dolores de crianza de las hijas. Volver al trabajo después de la licencia de maternidad y tener que dejara la bebé, el ser más querido, al cuidado de alguien que es prácticamente una extraña, es algo que destroza los nervios de cualquier mamá, por decir lo menos. No tuve la suerte que tuvieron mis hermanas—ellas tenían a nuestra madre para ayudarles con sus bebés. Para cuando tuve mis hijas, mi mamá ya tenía ochenta años y estaba incapacitada por un derrame cerebral. Las adoraba, las besaba, tal vez hasta las aguantaba por unos minutos en sus brazos, pero eso era todo, ella misma necesitaba de alguien que la cuidara.

Mi mamá fue una sobreviviente. Tuvo que someterse a una cirugía del corazón para un bypass triple y sufrió un par de infartos cardíacos menores. Tenía un marcapasos y tenía que usar parches de nitroglicerina. Pero luchó con valor.

Cuando, en 1991, mi trabajo me llevó a Miami, vino a visitarme dos veces ese año. La última vez, vino para el Día de Acción de Gracias y decidió quedarse un par de meses. Me puse feliz. Siempre tuve una habitación en mi casa para mi madre. Esa Navidad, tuve que irme a un viaje que ya tenía programado a América del Sur con mi amiga Marilyn. Mi madre se fue para Orlando con su mejor amiga y su hermana—le encantaba Epcot. Pero volvió a Miami el primero de enero porque le dio un poco de taquicardia. Fue de urgencia al Hospital Mercy, donde los médicos la dejaron en observación durante la noche. Al día siguiente, cuando Marilyn y yo regresamos de nuestro viaje de turismo a Buenos Aires, encontré varios mensajes urgentes de Miami en mi hotel. Las noticias eran devastadoras. Mi madre había sufrido un derrame cerebral de grandes proporciones esa noche mientras estaba en el hospital. Creo que no recuerdo haber sentido jamás una sensación de impotencia semejante. Estaba tan lejos de ella. Todos los vuelos estaban llenos durante días. De todas formas fuimos al aeropuerto. Nuestro corresponsal, Osvaldo Petrozzino, trajo a un amigo cardiólogo en caso de que la aerolínea requiriera que alguien certificara el estado de salud de mi madre. Pasaron horas, pero eventualmente, sacaron a una pareja de un vuelo que iba para Miami a fin de dejarnos los puestos.

Cuando llegué al hospital, encontré a mi madre inmóvil en una cama de cuidados intensivos. Estaba totalmente paralizada. Durante días permanecí a su lado hasta que, poco a poco, comenzó a responder, primero abrió los ojos luego apretó mi mano. Permaneció acostada varias semanas en el hospital y, poco a poco, fue recuperando sus facultades y su capacidad de movimiento. Su primera palabra fue "cafecito." Era como una niña que aprende a caminar y a hablar y a responder a los sonidos. Desarrolló un sentido de humor excepcional. Cambiaba los nombres de sus médicos. Su terapeuta, el Dr. Monasterios, se convirtió en el "Doctor Cementerio." Su cardiólogo, el Dr. Centurión, recibió el nuevo nombre de "Doctor Cinturón."

Pero no fue fácil. Extrañaba mucho su apartamento, sus muebles, su máquina de coser. Le compré una máquina de coser de juguete, esperando que esto la tranquilizara, pero no fue fácil engañarla. Sin embargo, nunca volvería a ser la misma. Ya no era la mujer independiente que se cuidaba sola y viajaba a donde quisiera, sin hablar de todo el cuidado que daba a sus nietos.

Por lo tanto, para mis hijas fue una suerte haber encontrado a Rosario, madre de cinco hijos, nicaragüense, que trabajó con nosotros como niñera durante diez años. No sólo se hizo cargo de mis bebés como si fueran suyas, demostró ser un valioso sistema de apoyo tanto para mí como para mi esposo. Se encargó de cuidar a nuestra bebé Julia, durante un otoño en el que Eliott y yo nos fuimos de vacaciones solos a Francia. Era un descanso que ambos necesitábamos. Pero aunque tomamos un crucero por los canales de Burgoña, disfrutamos de comidas exquisitas y probamos vinos espectaculares, fueron unos días muy tristes. Me hacía falta mi bebé cada minuto del día. Todas las mañanas, tan pronto como salía del buque, corría al primer teléfono público para llamar a casa. Hablaba con Julia como si en realidad pudiera entender lo que le estaba diciendo. Necesitaba que oírla, aunque nuestro intercambio fuera dolorosamente unilateral. Todo lo que podía escuchar era su respiración y sus gorjeos de bebé. Rosario me decía que estaba muy bien sin nosotros.

Probablemente ni siquiera se había dado cuenta de que no estábamos con ella. Yo, por mi parte, tenía el corazón partido. A medida que Julia fue creciendo me di cuenta de que el esfuerzo que hice durante ese viaje por escuchar sus ruidos de bebé no fue ni remotamente tan difícil como tener que soportar sus gritos cuando aprendió a hablar:

"Mami no te vayas… Por favor, no te vayas…"

Pero tenía que ir a trabajar todos los días. Y con más frecuencia de la que hubiera querido, tenía que viajar fuera de la ciudad para hacer reportajes. A veces, no sabía por cuánto tiempo estaría ausente.

Cuando nació Gaby, Julia tenía apenas dos años y medio y aún no había dejado los pañales. Hasta entonces, si tenía que viajar por razones de trabajo, Eliott se encargaba de cuidarla y, durante los fines de semana, se ocupaban de ella y de las dos hijas mayores de Eliott, Erica y Bianca. Pero dos niñas de pañales y dos adolescentes era más de lo que él podía manejar solo, por lo que contratamos una niñera para los fines de semana—Ana Rosa vino al rescate. Se convirtió en mi mano derecha, me ayudaba a manejar la creciente carga de responsabilidades. No sólo me ayudaba con las niñas sino que atendía a mi madre enferma, asegurándose de que tomara sus medicinas a tiempo, de que comiera bien, de que saliera a caminar por las tardes al parque.

Mi madre tenía una persona que la cuidaba durante la

semana, pero los fines de semana, yo me encargaba de ella. Su estado se deterioró hasta el punto que tuve que pedirle a mi sobrina Cici que se mudara de Miami a Los Ángeles para ayudar a cuidar a su abuela. No fue necesario rogarle, lo hizo con gusto. Nos turnábamos en los fines de semana y, eventualmente, mi hermana mayor, Isabel, se mudó también para Miami y nos ayudó en la rotación.

Antes de su derrame, siempre pensé que mi madre viviría más de noventa años. ¿Cómo no iba a ser así? Al llegar a los ochenta, todavía estaba vibrante y llena de energía. Le encantaba viajar y disfrutaba su independencia. Pero luego sufrió el derrame cerebral, y quedó delicada, débil y postrada en una cama. La llamaba todos los días y esperaba en el teléfono hasta que, tal como lo había hecho Julia cuando era una bebé, me respondiera con un ruido débil, prácticamente inaudible, o con un profundo suspiro. Era el ciclo de la vida y mi madre estaba llegando al final del suyo.

Un domingo por la tarde, cuando Eliott, mis hijas, mis hermanas y yo estábamos almorzando en un centro comercial, recibí una llamada de la persona que cuidaba a mi madre. Me dijo que tenía mucha dificultad para respirar. No era algo nuevo, esto le estaba ocurriendo desde hacía algún tiempo, pero sospeché que en esta ocasión podía tratarse de algo más grave. Para asegurarnos, decidimos ir a ver qué le pasaba. Mis hermanas se fueron primero, y les dijimos que las alcanzaríamos en el condominio donde vivía mamá. Pero cuando llegué, encontré a mis hermanas llorando. Mami había dejado de respirar.

Sus doctores nos habían advertido que el fin estaba próximo. Y en los últimos días se había debilitado y había adelgazado aún más, no podía comer, su cuerpo estaba lleno de llagas por estar tanto tiempo en cama. Sabía que su calidad de vida se había deteriorado hasta el punto en que ya no resistía más. Mi corazón me decía que debía sentir alivio de al fin haber descansado. Ahora estaba en un lugar mejor y ya no sufría. Más importante aún, como mi educación católica me lo había enseñado, se habría reunido con mi padre. Pero quedé devastada. Todos esos años de compartir una vida, de cuidarnos la una a la otra queriéndonos con un amor infinito e incondicional, habían terminado y yo no había estado con ella cuando cerró sus ojos por última vez.

Lo más duro de perder a un ser querido es aprender a vivir sin él. ¿Cómo levantarse cada mañana y no llamarla, cómo llegar a casa después de un agotador viaje y no ir a visitarla? Desde que tenía memoria, mi vida había girado en torno a mi madre. Me había cuidado hasta cuando comencé a cuidarla yo. Ahora, más que nunca, sentía la necesidad de seguir su ejemplo.

Pero ella había establecido un nivel demasiado alto. Mi madre había tomado tan en serio su trabajo de costurera como yo el mío de comunicadora. Soy afortunada de hacer lo que hago, pero como presentadora y corresponsal de una cadena de televisión, no soy dueña de mi tiempo. Debo estar lista todos los días, las veinticuatro horas del día, a ir a donde me llamen. Mi teléfono puede sonar en cualquier momento con un boletín de noticias que me puede llevar a otra zona horaria. A las dos de la mañana en un cálido amanecer de agosto de 1997, recibí una de esas llamadas de Alina Falcón, quien era mi directora de noticias en ese entonces. Lady Diana había muerto a consecuencia de un terrible accidente automovilístico en Paris. Tenía dos horas para tomar un avión a Londres y cubrir la reacción a su muerte. ¿Cuánto tiempo tendría que estar allí? ¿Quién iba a saberlo? Pensé que estaría ausente por tres o cuatro días a lo sumo, pero la historia me retuvo allí durante más de diez días. Mi bebé, Gaby, tenía apenas tres meses. Esos diez días me parecieron diez semanas.

En la mayoría de los casos, mis hijas no se daban mucha cuenta de mis ausencias hasta que crecieron lo suficiente para comprender que, a veces, "adiós" significaba que pasarían días antes de que me volvieran a ver. A mi regreso, era frecuente que tuviera que ir directamente al estudio a trabajar. Después de un tiempo, en vez de saludarme cuando regresaba, mis hijas me recibían con una dura pregunta:

"*¿Tienes trabajo, mamá?*"

Era tan difícil para ellas entender por qué tenía que irme

una y otra vez. Pero era aún más duro para mí tener que dejarlas. Como decía mi pediatra para tranquilizarme, "las niñas estarán bien, pero no podía decir lo mismo de la mamá." Todavía se me hace un nudo en la garganta cada vez que tengo que despedirme de ellas antes de irme a una asignación. Las llamo por la mañana, a medio día y por la noche. Tengo que oír sus voces, y, lo que es más importante, no quiero que se acostumbren a mi ausencia.

Al igual que tantas mamás que trabajan, con frecuencia intento justificar mi doble papel. Mi trabajo es importante porque me permite forjar un mejor futuro para mis hijas, y darles la mejor educación. Sí, podríamos arreglárnoslas sin la escuela privada, sin la niñera y sin la amplia y cómoda casa en que vivimos, pero ¿queremos hacerlo? ¿Tenemos que hacerlo?

He tratado de explicarles a mis hijas la importancia de mi trabajo. Les digo que siento que a través de mi trabajo puedo contribuir a mejorar la vida de la gente, y, parece que ellas entienden. Pero hay algunas advertencias ocasionales, no tan indirectas, que me indican que debo tomar las cosas con más calma. Durante una época especialmente caótica, cuando estaba grabando un comentario habitual de radio y escribiendo una columna para el sitio Internet de Univision, además de mis responsabilidades en la televisión, llegaba a casa, besaba a mis hijas y corría a la oficina que tengo en mi hogar para escribir. Trabajaba inclusive los fines de semana, apresurándome para cumplir las fechas de entrega de mi columna cada lunes. Julia se dio cuenta de mi exagerada carga de trabajo. Un día, mientras íbamos en el automóvil, me contó un sueño extraño que había tenido la noche anterior:

"Había una cochinita que se perdió en el bosque. Estaba muy asustada porque no encontraba su camino a casa. Estaba llorando con todas sus fuerzas llamando a su mamá. Cuando al fin llegó a su casa, su mamá le dijo, 'Muy bien, estoy feliz de que hayas vuelto a casa.' Pero la cochinita seguía realmente triste."

El final de la historia me tomó por sorpresa.

"¿Por qué seguía triste la cochinita?", le pregunté.

"Porque su mamá ni cuenta se había dado que estaba perdida porque estaba demasiado ocupada trabajando en Internet," me respondió.

¡Eso me afectó más que una puñalada en el corazón! El mensaje de Julia me llegó claro y conciso. Supe que tenía que hacer algunos cambios en mi horario de trabajo. Lo primero que hice fue cambiar la fecha de entrega de mi columna. No quería dedicar más fines de semana a escribir o a investigar. De hecho, ahora procuro no trabajar en mi casa, a menos que las niñas estén en el colegio o dormidas.

Comprendí que el mensaje de Julia era el mismo que me había enseñado mi madre con su ejemplo. Los niños no deben sentir que el trabajo de sus padres los está privando de algo que les pertenece.

El golpe que me propinó Gaby fue aún más contundente. Un día, de buenas a primeras, dijo:

"Cuando sea grande, voy a ser una mamá que se queda en casa."

"¿Ah, sí?", le respondí.

"Sí. Les demostraré a mis hijos que de verdad los quiero. Y no voy a tener niñera, tampoco."

Sus ojitos me miraron con una expresión malvada. Me descontroló hasta el punto de que le respondí con otro dardo de mi parte:

"Bien, de todas formas no podrías pagar una niñera, porque no tendrás un trabajo y, por consiguiente, no tendrás dinero."

Pero ella no se detuvo.

"Está bien. Mi esposo puede trabajar y mantenerme," fue su respuesta.

No podía creer que me estuviera enfrentando en este tipo de discusión con una muchachita de siete años. Estaba segura de que ella por sí sola no había desarrollado esa teoría. Debe haber escuchado a algún adulto hablar al respecto en la escuela. Después de todo, la mayoría de las mamás de sus amigas permanecían en casa. Sé que ellas trabajan muy duro y terminan el día tan agotadas como yo. Sé también que a pesar de sus hirientes indirectas—y algunos golpes que a veces me lanzan directamente—mis hijas me comprenden y se sienten orgullosas de mí.

En una ocasión, cuando Julia estaba en primero de primaria, la maestra pidió que todas las niñas de la clase redactaran
mensajes para sus madres diciéndoles qué las hacía especiales.
Los mensajes eran los que pueden imaginarse:

"Mi mamá es especial porque me cuida cuando estoy enferma."

"Mi mamá es especial porque me lleva a la cama y me
arropa por las noches."

El mensaje de Julia era un poco distinto: "Mi mamá es una
mujer respetable y responsable."

Hubiera preferido un giro más afectivo en la frase, pero su
mensaje me pareció revelador. Me indicó que se sentía orgullosa de mí y que, tal vez, yo no era sólo una madre, sino un
modelo a seguir.

Sin embargo, muchas veces me he esforzado por saber
qué tan sabias han sido mis decisiones. Es cierto que la mayoría de mis viajes no son de mi elección, pero hubo uno en
especial que elegí hacer en la primavera de 2001. Era una importante elección de alcaldes en Los Ángeles. Entre los primeros candidatos estaba Antonio Villaraigosa, el ex vocero de la
Asamblea Estatal. Era una historia que no quería perderme.
Desde el comienzo de mi carrera como reportera local, había
esperado el día en el que la comunidad latina de Los Ángeles
al fin alcanzaría la representación política que merecía. El que
los latinos tuvieran acceso a las posiciones de poder era un
tema al que había dedicado gran parte de mi tiempo y esfuerzo

como periodista, y Villaraigosa tenía buenas probabilidades de convertirse en alcalde. Quería estar allí y reportar ese hito histórico.

Pero me enfrentaba a un dilema: ir a Los Ángeles y cubrir las elecciones o quedarme en Miami y asistir a la graduación de Julia de kinder.

Sabía que no estaría sola. Su papá, sus hermanas, sus tías, sus abuelos, toda la familia estaría allí para su día especial. Tal vez no se daría cuenta de mi ausencia. En realidad así esperaba que fuera cuando viajé a California a cubrir esa historia. Y lo fue—ella estuvo muy bien.

Sin embargo, hasta el día de hoy, aún no me recupero de esa decisión. El sentimiento de culpa que tengo es enorme. ¿Cómo fui capaz de irme? Villaraigosa perdió las elecciones, pero ese no es el punto. Tomé la decisión equivocada. Villaraigosa podía volver a postularse—como de hecho lo hizo, ganando las elecciones para alcalde en 2005 por una abrumadora mayoría. De hecho, me invitó como maestra de ceremonia a su posesión el 1 de julio de ese año. Pero Julia se graduó de kinder sólo una vez y su mamá no estuvo con ella.

Procuro aliviar ese sentimiento de culpa centrándome en la calidad del tiempo que pasamos juntas, no en los días que estamos separadas. Cuando estoy en casa, me aseguro de que yo sea la primera persona que mis hijas vean al abrir los ojos por la mañana y la última al cerrar los ojos en la noche.

Algunas noches, cuando las miro mientras se quedan dormidas, siento que casi lo he logrado, casi alcanzo esa pauta de maternidad que mi madre me fijó. No sé si alguna vez llegaré a igualarla, pero me siento afortunada de saber que tengo ese ejemplo que imitar.

DIEZ

Incienso Desde un Altar Distante

Mi vuelo atravesó el cielo esa mañana de septiembre rumbo a la capital mexicana. Para mí, era un ejercicio de rutina—empacar mi laptop, mis notas, mis objetos esenciales, tomar mi pasaporte e irme. Soy buena viajera y realmente me agradan las horas que paso suspendida dentro de esa cápsula en el cielo, lejos de las distracciones diarias. Allá arriba puedo pensar con claridad, por encima de las nubes. Pero en esta mañana en particular me sentía algo nerviosa y molesta.

CUANDO SALGO a reportar una historia, sé lo que tengo que hacer y lo hago sin titubear: investigo mi tema, confirmo mis datos dos veces, me esfuerzo por ser precisa.

Busco detalles que enriquezcan la historia y siempre procuro ver las cosas desde la perspectiva de mis televidentes. Quiero que la historia no sólo les informe una situación sino que tenga un impacto en sus vidas. Pero este viaje era una misión en busca de datos, que tenía algunas características diferentes. Cualquier dato que pudiera descubrir en los próximos días no sería para el beneficio de mis televidentes. Sería exclusivamente para mí. Mi reportaje no se centraría en ningún evento que hiciera noticia, sino en mi padre. Cuando cerrara mi libreta de notas de periodista—si alguna vez la podía cerrar—no habría ningún guión que escribir para el noticiero de la noche.

Se trataba de una misión autoimpuesta, una que decidí realizar por mí misma. Mis hermanas no se habían mostrado muy interesadas en investigar el pasado de mi padre. Mi hermana mayor, Isabel, pareció interesada cuando le conté algunos detalles que había descubierto; pero se limitó a escucharme y continuó con su vida. Es una persona despreocupada, que no se abruma con angustias innecesarias. Mi hermana Tina, como buena mariposa social que es, conoció a muchos de nuestros parientes en México, años antes de que yo lo hiciera. Acompañó a mi padre durante los últimos años de su vida a un par de reuniones familiares, en las que, después de décadas, se volvió a poner en contacto con sus hermanas, sobrinas y sobrinos. Pero no era especialmente cercana a mi padre, ni tampoco mostró interés alguno en saber más acerca de las decisiones de su juventud.

Me sentía sola allá arriba, con tantas dudas e interrogantes en mi mente. ¿Qué hizo que mi padre se alejara de su familia? ¿Se sintió avergonzado ante ellos por haber abandonado el sacerdocio? ¿Lo habían desheredado por casarse con alguien de una clase social inferior a la suya? ¿Consideraban que mi madre no merecía tener un nombre tan distinguido como Cordero Salinas? ¿Pero cómo podían no querer a mi madre? Tal vez fuera pobre, sí, pero era adorable y generosa. Tal vez si se hubieran tomado el tiempo de conocerla mejor, la habrían aceptado en su círculo aristocrático. ¿O tal vez las fronteras sociales no tuvieron nada que ver con la separación de la familia?

Cualquiera que fuera la razón, su separación afectó toda mi niñez, aunque no me diera cuenta de ello sino hasta mucho después. Crecí prácticamente sin tías ni primos por parte de mi padre, y me vi privada así de ese robusto sentido de unidad de las grandes familias mexicanas. Corderos. Salinas. Primos. Tuve a mis hermanas y a los parientes maternos con quienes comparar las costumbres y características de nuestra herencia. Pero, me preguntaba, ¿habría alguien más en mi familia que tuviera mis ojos, mi pelo, mi temperamento?

Todas esas verdades de familia me esperaban en la vasta capital arcana que se extendía a mis pies. Mientras el avión volaba en círculos sobre la Ciudad de México, en su descenso final, cerré los ojos y elevé una plegaria.

SUPONGO QUE no fui muy difícil de encontrar. Conocía mi cara por la televisión. El hombre delgado, en traje de negocios, se dirigió a mí en el lobby del hotel. Avanzaba con paso decidido, con un portafolio repleto de papeles y fotografías en la mano. Era Federico Jiménez Canet, el sobrino de mi padre.

Momentos después estábamos compartiendo historias y fotografías en el café del hotel en compañía de su esposa, una mujer amigable y conversadora, y con sus dos hijas. De su pila de documentos, Federico sacó un libro de arte grande y atractivo titulado *El Pintor Juan Cordero*. Estaba repleto de retratos en brillantes colores y referencias a las grandes colecciones de arte de México. Era evidente que Juan Cordero era un nombre muy apreciado, pero no tenía idea de que mi abuelo fuera uno de los más importantes muralistas mexicanos del siglo XIX.

Aunque sus obras más importantes eran retratos del temible mandatario mexicano, el General Antonio López de Santa Anna y su esposa, la señora Dolores Tosta de Santa Anna.

"Una de sus pinturas está en el museo que queda detrás de la Basílica de Nuestra Señora de Guadalupe," me informó

Federico. "Otra de sus obras de arte, que representa a Colón ante los Reyes de España, se exhibe en Bellas Artes, el más importante centro de artes escénicas de Ciudad de México," dijo.

Por Federico me enteré también de que tengo otra prima, la sobrina de mi padre, que es miembro de la Corte Suprema de Justicia de México. Su nombre es Olga María Sánchez Cordero. Era sin duda alguien de quien Federico está muy orgulloso. Sin embargo, detecté algo más profundo que el simple afán de mencionar nombres o de un alarde sin sentido en sus historias. Federico es lo que podría llamarse una especie de historiador de familia, enamorado de los ricos y atractivos detalles de las vidas de sus ancestros.

Entre uno y otro sorbo de café, fue compartiendo historias de las dificultades de la familia durante la Revolución Mexicana, y cómo el padre de mi padre, José Antonio Cordero y Osio, un "rico heredero" de la época, lo perdió todo después de que las tierras de propiedad de la familia fueran expropiadas por el dictador de turno. Intentó ganarse la vida como fotógrafo, utilizando una novedosa técnica que había aprendido durante sus viajes por Italia, pero se vio obligado por las circunstancias a repartir a sus hijos. La madre de Federico, María de los Ángeles, fue recibida en un convento como cocinera. Mi padre y su hermano menor, José Antonio, quedaron a cargo de un tío mayor, un sacerdote llamado Rafael Salinas y Rivera, que, en ese entonces, estaba a cargo de la Basílica de Nuestra

Señora de Guadalupe. El padre Salinas, muy querido por toda la familia, se convirtió en el mentor de mi padre.

"¿Por qué dejó mi padre la Iglesia?," le pregunté lanzándome en busca de la información que quería encontrar.

Federico movió la cabeza en señal de negación. "No lo sé. Cuando era niño venía a mi casa. Siempre lo vi como un hombre paciente, un hombre de carácter, un hombre muy justo," me dijo.

Durante largo rato contemplamos una fotografía tomada en 1931, el retrato oficial de toda la familia Cordero Salinas. Las caras que aparecían en esa añeja foto, fue descubriendo perfiles familiares, ojos, narices, pelo. Tantos parientes. Pude ver el aire de familia en los rasgos de las hermanas de Federico. Las sonrisas de mis primos se ampliaron cuando les mostré las fotografías de mis hijas Julia y Gaby.

Al terminar nuestra reunión, parecía que no estaba más cerca de entender las razones por las cuales mi padre habría dejado la Iglesia, pero las historias de Federico me hicieron ver un México totalmente nuevo en relación con los Corderos y los Salinas. Con los primos. Y también con las sobrinas y sobrinos.

LUCY ROMERO fue una de esas primas que acababa de aparecer en esta vida mía totalmente fuera de contexto.

Una conocida psicoterapeuta de la Ciudad de México, había sido invitada en múltiples oportunidades a un segmento en *Sábado Gigante*, el popular programa de Univision dirigido por Don Francisco. Un día, mientras se encontraba en nuestro estudio de Miami, entró en la sala de noticias y preguntó por mí. Me dijo que éramos familia. Su abuela era la hermana de mi padre. Fue Lucy quien me puso en contacto con el resto de la familia, en especial con las sobrinas de mi padre. Parecía bien informada y deseosa de servirme de guía en mi búsqueda histórica. Tenía una mirada cálida y su apretón de manos era firme y seguro. Inspiraba serenidad y confianza. Sentía que podía hablar con ella durante horas interminables.

Era la segunda persona en mi lista de citas durante mi visita a la Ciudad de México en busca de información. Cuando llegué a su consultorio, un acogedor espacio dentro de un "centro interreligioso," estaba ocupada atendiendo pacientes. Mientras la esperaba, analicé las fotografías y la información de la cartelera, una colcha de retazos de imágenes conectadas por un tema espiritual. Entre las fotografías, los recortes y los anuncios de la inminente visita del Dalai Lama, había un rostro que se destacaba entre todos. Aunque lucía la túnica y el adorno de cabeza de una sacerdotisa Sufi, reconocí su sonrisa infantil. Era Edlín Ortiz, una ex corresponsal de Univision. Había cambiado su nombre por el de Amina Al Jerrahi, una líder local de esta mística secta musulmana. Y mi prima Lucy, educada por una madre fervientemente católica, quien en un momento memorable entró a formar parte de una orden franciscana, se había convertido a la filosofía Sufí.

"Esto va a resultar interesante," pensé, mientras entraba a su sala de terapia entre descuidada y elegante.

De hecho, así fue. Lucy, una mujer agradable de rizos rubios, me contó sus recuerdos de familia con la precisión de una persona bien informada y la imparcialidad de una analista social. Según me dijo, la historia de nuestra familia estaba profundamente entrelazada con la de México. Habló de nuestros antepasados dentro de un contexto más amplio, haciendo énfasis en los rasgos y actitudes particulares de las familias de clase alta del pasado.

"En toda familia de alta sociedad que se preciara, era de esperarse que hubiera un sacerdote o una monja," dijo, en un intento por explicar por qué tanto mi padre como su hermano se hicieron sacerdotes. Al oírla hablar, parecía como si la vocación de mi padre hubiera sido una simple consecuencia de su educación y de la inmensa influencia de su tío, el padre Salinas.

"Cordero era un apellido famoso y llevarlo representaba una responsabilidad, pero él adoptó el nombre Salinas en honor de su mentor," concluyó, agregando que habían sido muy unidos durante los años cruciales de la Revolución Mexicana. Por lo tanto, el ministerio de mi padre se forjó en tiempos difíciles y caóticos.

La casa del sacerdote, con sus múltiples habitaciones distribuidas alrededor de un patio central, era un refugio para las almas perdidas de la revolución, sobre todo para personas como mi padre y mi tío, cuyos padres quedaron en la ruina por la actividad rebelde.

"Tu padre era un misterio," agregó. "Fue una de las primeras personas que vi que colgara los hábitos. Era un hombre de vanguardia, de una generación de punta de lanza, un hombre que se atrevió a hacer lo que nadie tenía el valor de hacer en ese entonces. Claro que el precio que tuvo que pagar por ello fue la expatriación virtual y el anonimato. El monolito de la Iglesia Católica tiene sus propios medios de borrar sus errores. ¿Por qué se expatrió tu padre? Para borrar su historia y escribir otra nueva en una tierra de promisión. Y, por el resto de su vida, soportaría esa carga, esa separación de sus seres queridos."

Esa, en un invaluable resumen, la historia del recorrido de mi padre por el sacerdocio, visto a través de los ojos de Lucy. Pero no respondía mi pregunta fundamental: ¿Por qué lo abandonó?

Me despedí de Lucy con un abrazo. Ahí estábamos, la hija de un ex sacerdote y la hija de quien había sido prácticamente una monja, analizando aspectos del dogma familiar en una especie de confidencia espiritual. La dejé en la sala de oración, en compañía de Edlín/Amina y varias otras mujeres de su secta ataviadas en amplios vestidos de algodón. En conjunto, murmuraron una plegaria por mí, deseándome éxito en mi misión. Sus meditaciones hipnóticas se mezclaban con los aromas de la cocina vegetariana y flotaban hacia la oscura calle.

SI LUCY estaba aparentemente bien informada, su madre, Lucila, era la Central de Información. Nos reunimos al día siguiente para almorzar en la casa de nuestra prima, Martita Palafox, una de mis parientes que había conocido durante el viaje que hiciera unos años antes para entrevistar a Zedillo. Lucila vino en autobús desde su casa en la cercana ciudad de Cuernavaca para traerme historias, fotografías y reliquias de la familia. Era evidente a primera vista, el origen del porte real de Lucila tenía la distinción de una estrella de cine en su edad madura.

En la casa de Martita, con sus paredes tapizadas de retratos, era fácil sentirse como en su propio hogar. Estaban allí las caras sonrientes de los niños en las reuniones familiares, las parejas de novios en sus bodas, los primos y los primos segundos, captados todos en los familiares ritos del paso de la niñez a la adolescencia. Y estaban también las proclamaciones papales, los recuerdos del Vaticano, todos intercalados con detalles mexicanos. Sin embargo, me tomó algún tiempo comprender que estas mujeres, veinte o más años mayores que yo, eran mis primas, no mis tías. Hice esfuerzos por mantener bien diferenciadas las ramas del árbol familiar en mi mente:

Lucila es la sobrina de mi padre. Hija de María de los Ángeles, hermana de Federico.

Martita es también sobrina de mi padre. Hija de María Elena, "La Bebita," la tía que más conocí durante mi niñez, y hermana de La Muñeca.

Martita, nuestra amable anfitriona, nos atendió espléndidamente con bocadillos y un añejo tequila, y luego un almuerzo con sopa de verduras aromatizada con chipotle y pescado. Pasamos horas mirando álbumes de fotografías; las primas se turnaban para comentar detalles de familia. Naturalmente, las obras de Juan Cordero estaban bien representadas en la interminable pila de documentos. Había un delgado catálogo de Juan Cordero en el que el hermano de mi padre, José Antonio, el más sociable de los dos sacerdotes, había escrito una dedicatoria para la actriz de cine mexicana, María Félix.

Luego, Lucila me entregó una pequeña bolsa antigua de terciopelo, forrada en satín y bordada con hilos de oro, una reliquia tan detallada y hermosa que parecía proveniente de la realeza.

"Tu padre la usaba para llevar las sagradas hostias," explicó.

La bolsa hecha a mano no pesaba nada en mis manos. Me

llevó a otro tiempo y otro lugar, a los oscuros altares ocultos tras nubes de incienso.

Las primas me contaron que la última parroquia donde estuvo mi padre fue la de San Juan de las Huertas, un pequeño pueblo en las afueras de la capital. Esa debió ser la pequeña Iglesia rural cuyo nombre no me había querido revelar el sacerdote del Opus Dei.

Mi padre había ingresado a la orden de los Felipenses, la orden sacerdotal de San Felipe Neri. Lucilla lo describió detalladamente como un joven sacerdote felipense que oficiaba en La Profesa, una antigua parroquia en el centro de la capital. Oyéndola hablar, era evidente que su querido "Tío José Luis" había influido en ella, en gran medida, de un punto de vista espiritual.

"Mi tío José Luis me preparó para mi Primera Comunión en La Profesa," nos dijo. Según nos contó, había sido muy unida a él, pero desapareció de su vida cuando ella era adolescente. Contó que la última vez que la familia había visto a mi padre había sido el primero de mayo de 1943, fecha de su cumpleaños, cuando le celebraron sus quince años. Lo recordaba muy alegre, repartiendo refrescos y hablando con todos los invitados. Al día siguiente, desapareció de sus vidas. El primero de mayo de 1943. Grabé esa fecha en mi memoria. En mi búsqueda de la verdad, sería una importante pista para resolver el misterio de la vida de mi padre.

Lucila me dijo que su madre, María de los Ángeles, se

afectó mucho con su desaparición. Estaba convencida de que su hermano se había ido, sin avisar, a algún monasterio, donde estaría viviendo como un monje en reclusión. ¿A qué más podría deberse este absoluto silencio? Se propuso buscarlo. En sus viajes a América Latina, se detenía en iglesias y monasterios remotos y preguntaba a los sacerdotes si lo conocían. Buscó en vano, hasta que un día, cuando ni siquiera lo estaba buscando, se lo encontró en el lugar menos esperado. En una fiesta del Consulado de México en Los Ángeles, el 15 de septiembre, la víspera del Día de la Independencia de México. El entonces Cónsul General de México en Los Ángeles, les presentó a ella y a su esposo otra pareja mexicana. Puedes imaginarte la sorpresa cuando el diplomático les dijo: "Quiero que conozcan al señor José Luis Salinas."

"Mi madre quedó aturdida. '¡Mi hermano!' ¿Cómo podía ser?," nos contó Lucila.

Mi padre, quien probablemente quedó igualmente asombrado de encontrarse con su hermana, presentó a la mujer que tenía a su lado.

"Esta es mi esposa, Lucita."

Lucila contó que su madre había quedado tan afectada por este encuentro, que, al regresar a México, no se lo contó a nadie.

"No tuvo el valor de hacerlo," dijo Lucila, mientras continuaba pasando las hojas de sus álbumes.

Sin embargo, eventualmente se supo. Mi tío José Antonio, que siguió siendo sacerdote, viajó a Roma a buscar una dispensa para mi padre por haber abandonado el sacerdocio, y, según Lucila, la obtuvo. Recuerda haber visto una carta en una oportunidad, algo escrito en latín, en donde se encontraban esos detalles. Pero ¿adónde estaba ahora esa carta? No lo recordaba. Tal vez alguna de sus hijas la había guardado, junto con las fotografías, los documentos y otros recuerdos de familia, dijo.

Expresó en voz alta su curiosidad por saber si mi padre se había cambiado el nombre de Cordero a Salinas para ocultar su verdadera identidad. Tal vez se sentía avergonzado de haber dejado la Iglesia, especuló. Pensé que su apreciación era injusta y probablemente equivocada. ¿Avergonzado? No creo que mi padre se avergonzara de sus decisiones, más aún cuando éstas lo habían llevado a convertirse en esposo y padre amoroso. Pero al oír a mis primas hablar sin cesar acerca de la religión, la Iglesia y los Santos Sacramentos, entendí por qué el ex sacerdote había decidido mantenerse apartado de un grupo tan ortodoxo, sobre todo en los años cuarenta.

Durante nuestra conversación, Lucila parecía estar buscando algo en sus álbumes. De pronto lo encontró. Sacó una pequeña fotografía y me la entregó. Cuando vi la imagen en blanco y negro, me sorprendí. Era una fotografía de mi padre en su juventud, vestido de sacerdote. A su lado estaban su hermano José Antonio y Lucila cuando jovencita. Para entonces, yo ya había oído del pasado sacerdotal de mi padre, y me había

formado imágenes mentales viéndolo andar por ahí con su sotana. Pero aquí, por primera vez, tenía una fotografía real del
reverendo José Luís Cordero Salinas. La sostuve en mis manos
y la miré fijamente por varios minutos. Era mi papi.

Gracias a esa tarde con las señoras, oyendo sus historias y
anécdotas de familia, iba acercándome cada vez más a la verdad de mi padre. Pero aún tenía muchos interrogantes. El
mayor de todos era: ¿Por qué? ¿Por qué dejó la Iglesia? Sabía
que si quería encontrar la respuesta, tendría que indagar más
dentro de la mente del ex sacerdote.

QUIEN FUERA antes el "Padre Alberto Athié," tomó
un sorbo de tequila y se dejó caer en el sillón del oscuro bar al
lado de la plaza en el barrio Coyoacán. Las parejas se abraza-
ban mientras la música suave se mezclaba con el humo de los
cigarrillos. Para nuestra mesera, era simplemente otro hombre
que tomaba un cóctel. Pero yo conocía su historia. De hecho,
la presenté durante un especial de una hora sobre las crecientes acusaciones de abuso sexual por parte de los sacerdotes
católicos. Athié había ocupado posiciones importantes en la
Iglesia Católica en México. Había sido Coordinador Internacional de Caritas, una organización de beneficencia del Vaticano. También había sido líder de la Comisión de Paz y
Reconciliación de la Iglesia en la convulsionada región de

Chiapas. Pero un incidente desafortunado lo llevó a iniciar una insurgencia propia. Esa noche, platicamos nuevamente sobre los perturbadores detalles.

Sucedió en 1994, cuando escuchó la confesión de un moribundo. El paciente, un sacerdote que había sido rector de una prestigiosa universidad de México, le dijo que había sido víctima de abuso sexual por parte de su superior mientras estaba en el seminario, muchos años atrás. Era la primera vez que Athié oía mencionar el incidente. El padre Athié habló con el hombre sobre el delicado equilibrio entre el perdón y la justicia, y de como una cosa no excluye la otra.

"El perdón no significa que abandonemos la búsqueda de la justicia," recuerda haberle dicho.

"Entonces, lo perdonaré," dijo el ex sacerdote, "pero quiero que se haga justicia."

Durante la misa del funeral, Athié, hablando en términos generales, comunicó a la congregación el deseo del ex sacerdote. Al terminar el servicio, se le acercaron varios ex seminaristas con historias similares acerca del mismo sacerdote acusado. Querían hacer públicas sus declaraciones. Athié les aconsejó que buscaran justicia dentro de la propia jerarquía de la Iglesia. Pero, eventualmente, contaron su historia a un contacto periodístico del *Hartford Courant* y se desató la tormenta.

En febrero de 1997, el periódico informó que nueve ex seminaristas sostenían haber sido victimas de abuso sexual por parte del mismo sacerdote superior cuando eran niños entre las edades de diez y dieciséis años. En los años siguientes, se presentó formalmente el caso contra el sacerdote ante el Tribunal de Derecho Canónico. La poderosa Congregación para la Doctrina de la Fe en el Vaticano consideró lo suficientemente creíble la demanda como para merecer una investigación. Pero el caso quedó ahí. Nunca se tomaron declaraciones. Era una situación compleja. El sacerdote en cuestión era nada más ni nada menos que el reverendo Marcial Maciel, fundador de la conservadora Orden de Legionarios de Cristo en Roma, un influyente sacerdote y uno de los más leales seguidores del ahora fallecido Papa Juan Pablo II.

Se le dijo a Athié en términos concretos que se retractara. Pero su conciencia no le permitía abandonar a las supuestas víctimas ni incumplir la promesa hecha al lado del lecho de muerte del ex sacerdote, y por su negación a retractarse, fue blanco de la ira de sus obispos. Lo fueron despojando de sus funciones, una por una, sin darse por vencido, llevó el asunto hasta el Vaticano. Pero, se encontró de nuevo contra un muro de ladrillo. Se vio obligado a irse de la Ciudad de México y, eventualmente, cuando la Iglesia le suspendió todo apoyo, dejó definitivamente el sacerdocio. Ahora trabaja como laico con los campesinos de las áreas rurales mexicanas en cuestiones de reforma agraria y otros aspectos sociales.

En diciembre de 2004, casi ocho años después de que se presentaran por primera vez los cargos, el Vaticano reabrió la investigación de los supuestos crímenes del padre Maciel. Pero ya era demasiado tarde para Alberto Athié, cuya integridad había sido causa de su caída en desgracia dentro de la Iglesia.

Aunque no conocía las circunstancias en las que mi padre abandonó la Iglesia, sospeché que podría haber cierto paralelismo entre su caso y el del padre Athié. Sabía que mi padre era un hombre de conciencia y convicciones. Se oponía a la guerra sobre bases morales. En su Caja de Secretos había descubierto cartas que documentaban sus razones para negarse a prestar el servicio militar. Defendía el principio de igualdad y justicia para los pobres destituidos de sus derechos civiles. De hecho, en las noches, cuando escuchaba con su radio de onda corta las transmisiones de Radio Progreso de Cuba, se lamentaba de que el marxismo fuera una ideología desperdiciada. De modo que, tal vez, al igual que el padre Athié, se encontró ante un problema de conciencia. Después de todo, mi madre, me había dicho que él había abandonado el sacerdocio por una grave decepción. ¿Podría haber sido algo tan horrible como lo que obligó a Athié a colgar la sotana?

No podía dejar de preguntármelo mientras conversábamos y comíamos cacahuetes enchilados esa noche en el bar. Había hablado de mi padre con Athié unos dos años antes. Así que cuando decidí que era hora de comenzar a investigar en serio, le pedí su ayuda. Sabía que entendería y que no juzgaría mis intenciones. Me dio algunos nombres de funcionarios eclesiásticos que podrían abrir los archivos de la arquidiócesis. Al día siguiente, exploraría esa ruta.

Al terminar nuestra velada, me di cuenta de que Athié no tenía respuestas que ofrecerme, a pesar de sus buenas intenciones. Pero al volver a oír de nuevo toda su historia, quedé intranquila. Mi padre había tenido una decepción similar, debió haber sido aún peor. Si en la actualidad la Iglesia resulta claustrofóbica para un sacerdote tan dedicado y experimentado como el padre Athié, ¿cómo sería la Iglesia de los años cuarenta para mi padre, un relativo novicio?

Le di las gracias a mi amigo y me preparé para irme. Parecía cansado. Para él, era el final de una agotadora jornada, pero todavía tenía que detenerse a averiguar sobre otro caso de trabajo social. Pude confirmar que aún amaba su ministerio. Lo vi avanzar y desaparecer en la plaza llena de artistas, estudiantes y adivinas que leían el tarot. Otra alma buena lejos de su misión.

LA IGLESIA de La Profesa se levanta en todo su esplendor barroco en la esquina de la Calle Isabel la Católica y la Calle Madero en el Centro Histórico de la Ciudad de México. Al exterior de sus muros, parece una fortaleza, fluye el tráfico del centro de la ciudad y los peatones pasan frente a carteles que anuncian los últimos éxitos de la música, la moda y los sabores. Fuera de los muros de la iglesia, la vida citadina se renueva cada día, cada hora, cada minuto. Dentro de los muros, se ha detenido el tiempo.

Recorrí la fría y ornamentada Iglesia una mañana con la esperanza de encontrar a alguien que tal vez recordara a mi padre. Fue una de las iglesias donde trabajó, porque es uno de los templos principales de la orden sacerdotal de San Felipe Neri. Construida en 1740, La Profesa es tan grande que parece que fueran múltiples iglesias en una. Desde los pisos de azulejos en forma de tablero de ajedrez se elevan diez altares que albergan madonas y santos y ángeles en espectacular movimiento. Cada una de las estatuas de la Virgen está enmarcada por constelaciones de pequeñas reliquias de oro, cada una tan gloriosa como la anterior.

Me detuve en un altar lateral para observar a un joven sacerdote que celebraba la misa. No debía tener más de treinta años, a lo sumo. Verlo me hizo sentir extraña e intranquila. Imaginé a mi padre décadas atrás, diciendo misa, tal como lo hacía ahora este joven. De pronto, dejé de sentirme como si me encontrara en una Iglesia y tuve más bien la sensación de estar en un escenario de película, un lugar apartado de mi propia realidad. Mi pulso se aceleró y sentí un vacío en el estómago. No podía evitar ver a este joven sacerdote como mi padre, el dulce y amoroso padre con el que viví durante treinta y un años. Era él, pero en otra vida y en otra dimensión. No pude librarme de esa sensación, ni siquiera cuando me alejé del altar y me dirigí a la sacristía. Me sobrecogió aquella presencia de mi padre. Intenté no llorar pero no puede contener las lágrimas. No dejé de llorar mientras pasaba por delante de todos esos santos encerrados en sus urnas de vidrio, en busca de alguna señal de solidaridad en sus melancólicos rostros.

Fui hacia los corredores detrás de la Iglesia y vi una señal que indicaba la entrada al museo de la Iglesia. Seguí los letreros y subí la escalera hasta el museo, esperando encontrar fotografías o documentos. Pero estaba cerrado.

Encontré el pequeño despacho parroquial y pregunté a la secretaria si podría hablar con el padre Luis Martín Cano, el superior local de los Felipenses. Le dije que era un asunto urgente y personal. Era uno de los contactos que me había dado Alberto Athié. La mujer me dijo que el pastor no estaba, pero que me podía comunicar con él por teléfono. Me sentí extraña al tomar la bocina para hablarle. Aquí estaba yo, contándole a otro sacerdote la historia de mi padre. El hecho era que, el padre Cano no se acordaba de uno, sino de dos sacerdotes de apellido Cordero. Pero no recordaba mucho al respecto. Si quería más información, tendría que hablar con el padre Luis Ávila Blancas, un sacerdote anciano que había estado en la Iglesia durante muchos años. Era el historiador de La Profesa.

Pero la suerte no estaba de mi lado ese día y el padre Ávila Blancas no se encontraba pues estaba recuperándose de una reciente cirugía. No podría entrevistarme con él hasta dentro de varias semanas. Me iría de México en dos días.

Dejé La Profesa sintiéndome como si estuviera dejando un secreto tras de mi, algo sagrado que me pertenecía. Tomé un folleto del museo de la Iglesia. Describía cada una de las salas y tenía una lista de los retratos. Entre ellos había un "A. Cordero". ¿Sería mi tío? Pero ¿por qué no aparecía en la lista el nombre de mi padre? ¿Sería porque no estuvo allí el tiempo suficiente? ¿O lo habrían borrado de la historia de la Iglesia?

¿Qué había ocurrido en esta Iglesia? ¿Sería aquí donde tuvo la gran decepción de la que mi madre hablaba? Estaba tan cerca de la verdad, pero no me era posible verla. Tendría que seguir esperando a encontrar las respuestas.

POR SUGERENCIA del padre Cano, me dirigí a la catedral que se encontraba cerca. Atravesé El Zócalo, la Plaza de la Constitución, que une la Catedral y el Palacio Nacional. La plaza seguía decorada con guirnaldas con los colores de la bandera mexicana como homenaje al Día de la Independencia, y me recordó la imagen de mi padre encontrándose por casualidad con su hermana en esa recepción del consulado.

Esta es mi esposa…

Cuán surrealista debió ser para todos. Mi padre había hecho hasta lo imposible por proteger su vida privada, y aquí estaba yo dirigiéndome a los archivos de la Iglesia, lista para desenterrar su pasado. Pero sabía que era mi deber hacerlo. Era mi padre. Eso me daba la autoridad moral de hacer preguntas y el derecho a encontrar una respuesta.

El hecho fue que, los archivos de la arquidiócesis no se encontraban en la catedral. La persona que atendía allí me envió al otro lado de la ciudad, al arzobispado, donde hice antesala para hablar con el sacerdote a cargo de los libros de registro.

El padre Antonio Venegas fue muy amable y cooperador. Me permitió examinar un grueso volumen que documentaba los nombres de los sacerdotes ordenados en la Ciudad de México y las fechas de sus ordenaciones. Me habría sido de gran ayuda conocer la fecha de la ordenación sacerdotal de mi padre. Intenté calcular el año con base en su edad. Se me dijo que había que tener mínimo veinticuatro años para ser sacerdote. Si mi padre nació en 1909, su ordenación debió haber sido alrededor de 1933 o 1934.

El nombre de mi padre no aparecía en el libro. Aún no tenía la menor idea de cuándo había ingresado al sacerdocio, menos aún cuándo y por qué lo había abandonado. Una de las muchas posibles teorías que se me ocurrieron para explicar la ausencia de su nombre en los registros tenía que ver con la persecución clerical del gobierno. Durante la llamada Guerra de los Cristeros de los años veinte, mi padre habría sido un adolescente, demasiado joven para ser sacerdote; pero la persecución se reanudó a mediados de los años treinta. Se cerraron las Iglesias, los obispos fueron exiliados y los sacerdotes se escondieron.

El arzobispado tenía muy poca información. El padre Venegas me dijo que aunque mi padre había sido sacerdote, lo más probable era que sus registros se encontraran en la orden a la que había pertenecido, no en la arquidiócesis. El sacerdote debe haber notado mi descontento porque acercó una silla y se sentó a conversar conmigo por un rato. Me aconsejó que, en su concepto, lo mejor que podía hacer era escribir una carta al padre Ávila Blancas en La Profesa.

"Dígale que quisiera hablar con él acerca de un asunto muy personal, que preferiría explicárselo en persona," me dijo. Después, me contó la historia de un amigo suyo, laico, que tenía problemas maritales. Aunque había muchos factores que contribuían a su inminente divorcio, era difícil aislar uno en especial, una razón específica por la que hubiera podido decidir simplemente alejarse.

"Ese tipo de cosas son tan difíciles. No se sabe el motivo del rompimiento," comentó. "Podemos tratar de adivinarlas, pero a fin de cuentas, es posible que nunca sepamos lo que pasa en la mente de otra persona."

Le agradecí su interés, pero sus palabras no resolvieron

mis dudas. Quizás no era posible que supiera lo que pasaba por la mente de mi padre, pero sin duda podía descubrir las circunstancias que lo rodeaban. Estaba más decidida que nunca a lograrlo.

Norteamericanos Indocumentados

> Por la presente, el suscrito, Luís Cordero Salinas,
> nacido en la Ciudad de México el 22 de julio de 1909,
> ciudadano de la República de México... pide a Su
> Señoría, reconsiderar la reapertura de mi caso...
> —*carta no fechada dirigida al*
> *Procurador General Robert F. Kennedy.*

Mi padre había dejado el sacerdocio, pero aparentemente nunca abandonó su voto de pobreza. Lo cumplió durante toda mi niñez y por el resto de su vida. Pero era un hombre rico en otros aspectos, en lo que al corazón y la mente se refiere. Era un intelectual. Tenía varios títulos. Podía debatir los puntos más delicados de la filosofía, el derecho, los bienes raíces y el béisbol—en seis idiomas. Encontraba música en los números, poesía en las escrituras, humor en la política gubernamental. A mis ojos, era brillante y complejo.

A los ojos de los demás, era otra cosa: una estadística unidimensional. El peor de los retrógrados lo habría calificado con un simple término: "ilegal." Odio ese término. No sólo es profundamente ofensivo sino que pasa por alto todo lo que tiene que ver con el individuo y lo reduce a un trozo de papel. Para los xenófobos, un inmigrante no difiere en nada de una red de narcotraficantes, un coche-bomba, o una pistola robada. Es ilegal. Eso es todo.

Crecí ignorando en gran medida este nivel de prejuicio. Sólo cuando comencé a cubrir los eventos políticos, el ayuntamiento y los esfuerzos de los más necesitados de las comunidades hispanas comencé a percatarme de su existencia. Fue entonces cuando se me abrieron los ojos. Fui consciente de la importancia de mi trabajo, de cómo tenía que ser no solamente periodista, sino una verdadera comunicadora. Encontré personas totalmente perdidas dentro de una comunidad, gente que no tenía la menor idea de cuáles eran sus derechos. Muchos ni siquiera hablaban inglés y los hacían sentir como ciudadanos de segunda clase, aunque hubieran nacido en este país.

Cuando empecé a cubrir noticias de inmigración, me di

cuenta de hasta dónde llega la intolerancia hacia ese segmento población. Comprenderlo me dolió más que cualquier otra cosa. Los calificativos que les lanzan los anti-inmigrantes sólo tienen el objetivo de marcar una diferencia entre *ellos* y *nosotros*. Pero ¿qué ocurre cuando esa distinción divide a una familia? Si yo soy estadounidense de nacimiento y mi padre es un mexicano inmigrante indocumentado ¿entonces qué somos? ¿*nosotros* o *ellos*? Era evidente que quienes despreciaban a los inmigrantes no tenían todos los datos. Esas personas que tanto desprecian son sólo americanos indocumentados.

Hace algunos años, cuando empecé a escribir una columna sindicada en inglés para King Features, ocasionalmente exploraba los aspectos relacionados con la política de inmigración. Para mi sorpresa, cada mención de inmigrantes indocumentados desencadenaba una avalancha de cartas de los lectores, la mayoría con expresiones de repudio. Después de escribir acerca de los millones de inmigrantes indocumentados a quienes, en algunos estados, se les negaban las licencias de conducir porque no tenían un número de seguro social, recibí suficientes cartas para llenar una Oficina del Departamento de Vehículos Motorizados de California.

"¡Los inmigrantes indocumentados son ladrones!", escribió un lector. "Están en este país ilegalmente. Han violado la ley. Cada uno de ellos debería ser detenido y deportado. Los inmigrantes indocumentados a los que se refiere no necesitan conducir. Lo que necesitan es que los devuelvan a donde pertenecen—al otro lado de la frontera entre Estados Unidos y México."

En una columna de respuesta expliqué los problemas que tenía con este tipo de razonamientos; aunque es cierto que cerca de 8.7 millones de inmigrantes indocumentados en los Estados Unidos son mexicanos ¿qué haría el resto de los "ilegales"—el millón de europeos, el millón de asiáticos, los 150.000 canadienses, los 624.000 suramericanos, los 243.000 africanos y los 16.000 australianos—en México?

Otro lector insistió que los mexicanos eran seres imperfectos, provenientes de "una cultura inferior" y que, por lo tanto, no debía permitírseles conducir en este país. ¿Una cultura inferior? De ser así, entonces ¿por qué se disfruta en el mundo entero, la música, el arte y la comida mexicana, tiene tanta aceptación, especialmente en los Estados Unidos, donde se vende más salsa que ketchup? El hecho de tener que defender la cultura mexicana es algo que de por sí me enerva. La columna se refería a los inmigrantes y las licencias de conducir, no a los murales de Diego Rivera ni a los orígenes aztecas del chocolate. Pero pronto aprendí que el tema de la inmigración provoca ese tipo de reacciones desafortunadas. No me explico de dónde proviene todo ese odio.

"¡Vuelva a su país!"

Cuando algunos dicen cosas como esa, no puedo evitar

preguntarme si habré pasado algo por alto en los cables de noticias. ¿Se produjo la secesión de California del resto de los Estados Unidos mientras salí a almorzar? Una y otra vez he tenido que explicar que soy ciudadana estadounidense por nacimiento, con la esperanza de que abandonen el cuento de *"vuelva a México y ayude a su gente, para que no nos roben."* Pero eso parece no importar.

Una vez hubo un rayo de esperanza. De hecho, cuando los gobiernos de George W. Bush y Vicente Fox tuvieron una estrecha relación en el 2001, en busca de una solución para los problemas fronterizos crónicos, parecía vislumbrarse en el horizonte una política humana razonable. Entrevisté al presidente Bush en la Casa Blanca, el 4 de septiembre de 2001, durante los días en los que él y Fox negociando un acuerdo migratorio. Aparentemente, Bush estaba entusiasmado con el prospecto de una mayor cooperación entre su gobierno y, según sus propias palabras, *"mi amigo el Presidente Vicente Fox."*

"Estamos trabajando en la idea de ayudar a que las personas se ganen el derecho a convertirse en ciudadanos legales," me dijo Bush. "Hay algunas ideas interesantes sobre la forma como pueden obtener dinero en los Estados Unidos que depositarían en una cuenta de jubilación y lo invertirían en México. Es un concepto interesante que estamos estudiando, pero estamos de acuerdo en que tenemos que manejar esto mejor." Insistí para que me hablara sobre el problema de la legalización de los trabajadores indocumentados, y le repetí la misma pregunta de diferentes formas varias veces. Pero sólo me dijo lo siguiente: "Es parte de un problema muy complejo. El presidente Fox comprendió, desde el comienzo, que no habría ninguna amnistía. Esa idea no pasaría en el congreso, ni yo tampoco la apoyaría. Lo que sí apoyo es un proceso más cercano a la legalización. Todo eso forma parte del problema de la migración que vamos a analizar, pero tengo que trabajar con el congreso, que, en gran medida, dirá qué debe hacerse."

Unos días después, el tema de la frontera dejó de ser alta prioridad. Las reuniones, las buenas intenciones, los frágiles acuerdos, todo pareció desvanecerse—literalmente—en humo. Los ataque terroristas del 11 de septiembre de 2001 se encargaron de que así fuera. E incluso mientras que, hasta cierto punto, el polvo se fue asentando, nada volvió a ser igual. El odio y la desconfianza a los extranjeros que había estado tan profundamente arraigado por tanto tiempo resurgieron. Los llamados Vigilantes se desplazaron hacia la frontera entre Estados Unidos y México, para acosar a los inmigrantes indocumentados y a los que tuvieran una apariencia sospechosamente latina. Los llamados *minutemen* se encargaron de perseguir a los "ilegales." Con su supuesto patriotismo, parecían no personificar nada distinto de la peor xenofobia paranoica.

Me pregunto qué habría pensado mi padre si hubiera vivido para ver a estos *minutemen* en acción. ¿Se habría ido allá, al desierto de Arizona, a elevar pancartas de protesta? De una cosa estoy segura: le habría preocupado tanto el tratamiento recibido por sus compañeros inmigrantes como me preocupa a mí. Es verdaderamente decepcionante ver que a los inmigrantes se les persiga como ilegales. Y decepciona aún más confirmar que esa retórica proviene de un líder elegido, especialmente de uno cuya base electoral incluye un gran número de inmigrantes. Cuando el ex gobernador de California, Pete Wilson, enarboló la causa de los inmigrantes perseguidos, puso a California en los titulares de los periódicos por las razones equivocadas. Mi estado nativo se precia de establecer tendencias, pero el tipo de tendencia que inició el gobernador Wilson no es una que nos enorgullezca a todos. Con su Proposición 187, una medida que, en términos generales, negaba los servicios básicos a los inmigrantes indocumentados, desencadenó un movimiento nacional para poner a los "ilegales" en su lugar. El furor llegó hasta el congreso que, en 1996, aprobó una serie de reformas para reducir los servicios de financiación federal incluso a los inmigrantes *legales*.

Cuando Wilson se postuló para la reelección en 1994, incluyó en su campaña, el tema de la inmigración. Recuerdo un letrero de propaganda política en San Diego que mostraba a los inmigrantes cruzando ilegalmente la frontera. El lema de este mensaje: ¡*Nos invaden y debemos recuperar nuestro estado!*

Era como si los inmigrantes fueran invasores enemigos, criaturas extraterrestres de una película de ciencia ficción que nos atacaran desde otro planeta para destruir nuestras ciudades y nuestra forma de vida. La Proposición 187 era tan absurda que, aunque obtuvo una impresionante mayoría de votos a favor en el momento más candente del fervor anti-inmigrante en California, después fue considerada inconstitucional por la Corte Federal.

En dos ocasiones durante mi carrera he tenido la oportunidad de entrevistar a Pete Wilson para el Noticiero Univision. La primera fue en un momento especialmente hostil hacia los inmigrantes en los Estados Unidos. Esa entrevista, grabada en Los Ángeles el 14 de mayo de 1994, comenzó con una nota contenciosa. Horas antes, ese mismo día, habíamos hecho una encuesta callejera entre los latinos de California. La pregunta era: "Si tuviera a Pete Wilson frente a usted ¿qué le preguntaría?"

En la calle solían llamarlo *"Señor Pik Wilson."* Y tenían toda una serie de preguntas para hacerle, principalmente acerca de la inmigración y el servicio social. Sobra decir que el gobernador no tenía muchos admiradores entre la población latina. Cuando comencé mi entrevista, describí el ambiente de la calle. Como lo demuestra una trascripción de nuestra conversación, la reacción del gobernador Wilson a la opinión de los latinos sobre sus políticas no fue muy amable.

Comencé la entrevista diciéndole, "La percepción, allá afuera, es que usted es racista, a juzgar por ciertos comentarios—"

"¿Qué comentarios?" me interrumpió Wilson.

"Comentarios como, 'Los inmigrantes indocumentados tienen el país sitiado. Están erosionando nuestra calidad de vida,'" le dije. "Muchos piensan que sus propuestas son inhumanas e inconstitucionales."

Fue evidente que el gobernador se molestó.

"Bien, no estoy de acuerdo en absoluto," reviró. "Y reto a cualquiera a que me presente estadísticas que lo contradigan. Cuando digo que dos terceras partes de los bebés que nacen en los hospitales del condado de Los Ángeles son de padres que han ingresado ilegalmente a este país, estoy expresando un hecho. Cuarenta por ciento de los nacimientos cuyos costos son cubiertos por California, se relacionan con padres que han llegado a este país como ilegales—eso es un hecho. Que catorce por ciento de nuestra población carcelaria está compuesta por extranjeros indocumentados que han cometido delitos, a un costo de 400 millones de dólares anuales para los contribuyentes de California."

Insistí que en su lenguaje había una innecesaria connotación racista y hostil hacia los inmigrantes. "Ha dicho que los inmigrantes indocumentados tienen al país en estado de sitio. ¿Es justa esa comparación?" pregunté.

"Bien, no recuerdo haberme expresado en esos términos," respondió.

"Tenemos sus declaraciones grabadas, gobernador," le dije.

"Francamente no es justo," me respondió. "Estamos hablando de inmigración ilegal. Somos la nación más generosa de la historia en términos de aceptar legalmente a los inmigrantes. Todos los demás países combinados no aceptan tantos inmigrantes como los Estados Unidos. Pero hay un número masivo de inmigrantes ilegales, que probablemente excede las cifras legales. California recibe la mitad de la inmigración del país, de modo que, sí, nos sentimos como si estuviéramos en estado de sitio."

Después de intentar concretarlo en cuanto a las estadísticas durante una serie de preguntas y respuestas, decidí hacerle una pregunta fácil.

"¿Cree usted que los inmigrantes indocumentados hayan contribuido en algo a este país?", le pregunté.

Lo pensó por un momento.

"Creo que hay personas individuales que sí han contribuido… Éste es un país de inmigrantes, y estamos orgullosos de nuestra herencia. Ese no es el punto. No los condeno por tratar de venir aquí. Sí condeno a la administración [Clinton] en Washington por empeorar el problema."

En ese punto de la entrevista, hicimos que el gobernador escuchara un par de las preguntas que le harían las personas que entrevistamos en la calle. Era evidente que, en ese contexto, el gobernador se sentía incómodo. La última pregunta realmente lo afectó.

PREGUNTA: *"Oiga, Señor Pik Wilson. Quiero preguntarle lo siguiente: ¿trataría usted a sus abuelos inmigrantes como nos trata a nosotros?"*

Después de oír eso, Wilson se levantó para irse, cortando nuestra entrevista más de diez minutos antes de lo previsto. Dijo que tenía que tomar un avión, y fue soltando apresuradamente su respuesta mientras salía:

"Sí, sí lo haría, porque esto no es racismo."

LA SEGUNDA vez que entrevisté a Wilson fue el 14 de agosto de 1996, durante la convención republicana en San Diego. De nuevo le pregunté acerca de sus opiniones sobre los inmigrantes.

"Y ahí va usted con el tema otra vez," me dijo.

Interpreté su respuesta como una muestra de que mis preguntas de la primera vez lo habían afectado. Ahora, cuando leo las trascripciones, más de diez años después, me doy cuenta de que mis preguntas al gobernador fueron particularmente fuertes porque no podía evitar identificarme con la población de inmigrantes que él atacaba. Claro que siempre intentó diferenciar entre inmigrantes "legales" e "ilegales," pero no me convenció. Él proponía que a los hijos de inmigrantes indocumentados nacidos en Estados Unidos se les negara la ciudadanía americana. Una idea que resurgió años después en el Congreso. A fin de cuentas, era ahí donde confundía la distinción que intentaba hacer entre legal/ilegal, en ese punto me dejaba totalmente perdida. Si por él hubiera sido, yo no sería ciudadana norteamericana. Sería una de *ellos* porque mi padre era uno de *ellos*. Cualquier contribución que yo haya podido hacer a este país como miembro productivo de la sociedad y como contribuyente responsable, se habrían perdido.

Muchísimos hijos de inmigrantes, documentados o no, que han nacido aquí, contribuyen generosamente a nuestra sociedad. Mi madre tenía una *green card*, pero eso no le habría importado al gobernado Wilson porque estaba casada con un inmigrante indocumentado. A diferencia de los estereotipos que promueven quienes rechazan a los inmigrantes, mis padres pagaron la cuenta del hospital cuando yo nací en Los Ángeles.

Para mí, éste es un tema especialmente delicado. Cuando leo algunas de las antiguas cartas de la Caja de Los Secretos de mi padre, tengo una sensación de frustración y reivindicación a la vez. Frustración por los hechos, reivindicación por la elocuencia con la que los presenta. Las cartas son el documento de su prolongada lucha por obtener estatus de inmigrante legal en este país. Con una caligrafía clara y segura, cuenta la historia de cómo y por qué cruzó la frontera desde México. Describe, con meticuloso detalle, sus dificultades y tribulaciones con lo que fuera entonces el Departamento de Guerra.

Los problemas de inmigración de mi padre comenzaron poco después de que llegara a los Estados Unidos a comienzos de los años 40. En una carta dirigida al Departamento de Guerra, un año después, explicaba que había venido a este país "a continuar las investigaciones rigurosamente científicas en las especificaciones de la sociología, la filosofía y la historia." Había conseguido un trabajo con la National Schools, una cadena de escuelas técnicas de Los Ángeles, como escritor y editor de sus publicaciones de psicología. Sin embargo, se le exigía que antes de reportarse para el trabajo, se registrara ante la junta de reclutamiento local del ejército.

Mi padre contaba en su carta cómo quince días después de haberse registrado, le dieron una "clasificación 1-A," como si hubiera ingresado al país para inscribirse en el Ejército de los Estados Unidos. Sus esfuerzos por apelar esa clasificación fueron en vano y su solicitud de que se le permitiera regresar a su país le fue negada. Creía que el gobierno lo había llevado a una "trampa."

En diciembre de ese año, volvió a México sin la autorización requerida. Como dato irónico, mientras que a muchos mexicanos indocumentados se les acusa de violar la ley cuando cruzan la frontera hacia los Estados Unidos, a mi padre se le acusó de haber violado la ley por haber cruzado la frontera desde los Estados Unidos hacia México, su país de origen.

"Ahora bien, considerando que las personas que integran el Departamento de Guerra de los Estados Unidos son personas de un sano criterio a diferencia de la Junta Local de Reclutamiento que conoció mi caso y que, a mi modo de ver como psicólogo, está integrada por personas de escasa preparación: quiero sujetar a la consideración de ese Departamento mi propio caso, solicitando que se me absuelva plenamente de un delito supuesto que considero no haber cometido jamás," escribía. "Esto lo hago por mi propio honor y porque se a ciencia cierta que tratan de localizarme en Los Ángeles, California los agentes del FBI."

A continuación enumeró las razones por las que creía que no estaba obligado a prestar servicio militar en el Ejército de los Estados Unidos:

1. *Soy mexicano por nacimiento y por tradición también ya que todos mis antepasados, por tres o cuatro generaciones tuvieron la fisonomía mexicana más definida. En consecuencia por mi sangre y por mi cultura soy absolutamente NACIONALISTA. Mi nacionalismo está mitigado únicamente por la sincera convicción de promover una sincera amistad con TODOS los pueblos del orbe.*

2. *Actualmente tengo 34 años de edad y de ellos he dedicado veintiocho al estudio. Jurisprudencia, Filosofía, Historia, Sociología, Arte, Religión, etc., han sido siempre para mi objeto de entusiasta investigación. Por tanto, considero, sin falsa modestia, que he logrado adquirir un concepto elevado de las cosas humanas y, por lo mismo, detesto todo acto de violencia y me he propuesto servir únicamente a la mejor causa que es la de la civilización y la cultura pero dentro de mi propio terreno que es el científico.*

Esta tercera razón fue la que más me sorprendió:

3. *Entre las muchas ideologías políticas, creo conocer la democrática y simpatizo con todo lo que es aceptable en ese sistema y en cualquier otro sistema: pero en una visión histórica de conjunto me he podido dar cuenta cabal de que todos los sistemas de esa índole están sujetos a constantes rectificaciones, si no es que algunas veces a contradicciones, y por esa razón me niego a sacrificar mi propia vida, que es el bien humano más estimable, y que está amparado por la misma LEY NATURAL, para sostener sistemas que, a mi juicio, carecen de patentes de bondad.*

Mi padre vivía en la ciudad mexicana de Tijuana, en la frontera, cuando escribió esta carta. Trabajaba como gerente de una estación de radio. Según decía en su carta, no necesitaba regresar a los Estados Unidos y ofrecía devolver su permiso de inmigración al consulado local de los Estados Unidos si el Departamento de Guerra consideraba sus solicitudes:

1. *Se sirva considerar atentamente mi caso y absolverme de toda culpabilidad, comunicando su resolución a la Oficina de Reclutamiento correspondiente a mi anterior domicilio.*

2. *Se sirva extenderme un documento que ponga a salvo mi honor y mi seguridad personal, en la inteligencia de que al recibirlo haré una entrega de mi pasaporte como residente legal de los Estados Unidos al Sr. Cónsul de ese país en Tijuana.*

3. *Se sirva contar en mi persona con un espontáneo y sincero colaborador en todo lo que se refiera a las amistosas relaciones entre mi propio país y el vecino del norte: así como en tratándose de cualquiera actividad cultural o científica de mi competencia.*

Poco después, el Departamento de Guerra respondió confirmando el recibo de su carta. "El asunto ha sido remitido al Director de Servicio Selectivo en Washington D.C.," decía la comunicación.

Recibió además una notificación del Coordinador de Relaciones Interamericanas: "Su caso será objeto de la debida consideración por parte de las autoridades pertinentes."

Para complicar aún más el caso de mi padre, estaba el curioso hecho de que al salir de los Estados Unidos, en diciembre de 1943, pidió ser recibido en el ejército mexicano. Imagino que fue una medida desesperada, sobre todo en una persona que aborrecía la violencia. Pero, a juzgar por el contenido de sus cartas posteriores, la lucha de mi padre se prolongó por varios años, aunque el tono de sus escritos se fue haciendo significativamente más conciliador.

Regresó a los Estados Unidos y, aparentemente, se le permitió volver sin trabas durante varios años. Pero sus problemas de inmigración no habían terminado. Surgió una dificultad aún mayor, que esta vez amenazaba con separarlo de su familia. Estaba tan desesperado que escribió otra carta, ésta vez en inglés y dirigida al Fiscal General de los Estados Unidos, Robert F. Kennedy. En ella, explicaba que por un malentendido con un agente de inmigración en la frontera, se había producido otro contratiempo, que amenazaba la unidad de su familia. Decía que, con base en una entrevista, había recibido del agente una "tarjeta para cruce de frontera." Pero esa tarjeta fue considerada falsa porque, según le explicaba mi padre a Kennedy, lo describía, erróneamente, como residente legal. Cosa que no era. Su permiso de residencia había caducado dada su prolongada ausencia del país.

"Regresé a México por deportación voluntaria en 1952," escribió. "Si hay alguna disposición en su legislación que represente un medio de evitar el deterioro de una familia, la protección de los hijos nacidos en los Estados Unidos y el perdón del incumplimiento que cometí contra las leyes de inmigración, le ruego me otorgue una recomendación para obtener finalmente, de una vez por todas, el privilegio de convertirme en residente de los Estados Unidos de América. Me encuentro en el pleno potencial de la etapa productiva de mi vida."

En otra carta, contaba cómo fue "excluido como inadmisible a los Estados Unidos, según las disposiciones de la Sección 212 (a) (19) de la Ley de Inmigración y Nacionalidad de 1952" y cómo, desde entonces, había presentado solicitudes de permiso para visitar a su esposa.

En la época en que presenté la solicitud, mis dos hijas eran ciudadanas norteamericanas nacidas en ese país. Después, mi esposa me dio otra hija nacida ciudadana norteamericana. Todas están registradas en el Departamento de Salud de Los Ángeles… Las tres niñas nacieron en el Hospital Metodista, 2826 So. Hope St., L.A., Cal. El médico que atendió los tres partos fue el doctor J.W. Whittaker.

Admitiendo que hubiera dado motivos para ser excluido de los Estados Unidos, de conformidad con las leyes de inmigración, ahora recurro a su generosidad y su sentido de humanidad, claramente expresados en su Declaración de Independencia y su Carta de Derechos, para pedirle que reconsidere mi caso a fin de otorgarme el privilegio especial de convertirme de nuevo en residente legal de los Estados Unidos, a fin de proveer para la educación moral de mis hijas, ciudadanas americanas, y para su sustento.

Soy católico. Tengo una amplia educación universitaria y gozo de buena salud. Por consiguiente, estoy lo suficientemente capacitado y en las mejores condiciones físicas para trabajar y ser un residente útil y activo de los Estados Unidos...

Declaro que estoy dispuesto a hacer lo que me exija, de conformidad con las disposiciones de sus leyes, a fin de obtener el privilegio de ser admitido como residente permanente de los Estados Unidos y así eliminar los inconvenientes de estar separado de mi familia para ocuparme como es debido de proveer para su completa educación y sustento.

En espera de su respuesta, quedo de usted,
Atentamente,

L.C.S.

La categoría de ciudadano que estaba reclamando sólo le llegaría décadas más tarde, apenas un par de años antes de su muerte. Afortunadamente para sus hijas, no esperó a obtenerla. Se reunió con nosotras en Los Ángeles, donde trabajó, estudió, pagó impuestos y jamás nos habló de sus problemas de inmigración. Fue sólo cuando estaba ya mayor, y enfermo, añorando ver a su familia en México, cuando nos pidió que le ayudáramos a legalizar su situación como residente. Mis notas manuscritas fechadas en ese entonces, a comienzos de los años 80, son evidencia del proceso de solicitud y estaban también guardadas en la Caja de Los Secretos.

"Se marchó para evitar ser reclutado… recogió la tarjeta… regresó en 1963. Ha estado en los Estados Unidos desde entonces."

Es evidente que decidió vivir aquí sin haberse legalizado oficialmente, aunque, evidentemente, no sin documentación.

DOCE

Un Mensaje de las Ruinas

De todos los ideales que heredé de mi padre, el que me ha definido más claramente como norteamericana es su amor por la paz. Cuando recuerdo sus profundas frases, y cuando vuelvo a leer su carta de 1944 al Departamento de Guerra de los Estados Unidos, me doy cuenta de que la manzana no cayó muy lejos del árbol. Comparto plenamente su convicción de que la seguridad nacional no depende de la cifra del presupuesto militar de este país sino de su deseo de procurar, ante todo, soluciones no violentas a los conflictos. Esto no significa que no pueda desempeñarme como reportera imparcial en épocas de guerra. Por el contrario, creo que las verdaderas democracias se fortalecen cada día por las libertades que practican y eso incluye un periodismo balanceado.

Cuando supe que sería enviada a cubrir la guerra en Irak, en la primavera de 2003, me atormentaban una mezcla de sentimientos encontrados. Como esposa, y madre de dos hijas pequeñas, sabía que mi familia estaría muy preocupada por mi seguridad. Claro que estaban acostumbrados a mis viajes a último momento. Pero no es exactamente lo mismo salir a cubrir la muerte de una amada princesa, una cumbre de superpotencias o una elección en un país tercermundista que irse a cubrir una guerra. Era una misión peligrosa e impredecible.

Como periodista, sabía que tenía que ir. Esa historia era mucho más grande que las historias que transmitía todas las noches a mis televidentes, y lo sería durante el futuro previsible. No era el tipo de historia que se cubre basándose en las informaciones que llegan de los servicios de noticias por cable ni de las conferencias de prensa del Pentágono. Era una historia que requería de presencia en el lugar de los hechos.

Claro que eso de llegar, a territorio iraquí, era más fácil de decir que de hacer, sobre todo para periodistas que no viajaban con las tropas estadounidenses. Teníamos que recurrir a accesos por vías secundarias, contratar traductores y servicio de guardia privado, así como elaborar meticulosos planes propios. Pero no quiero adelantarme a los acontecimientos. Me gustaría retomar el desarrollo de estos desde un poco más atrás.

Unos días antes de mi viaje, me encontré en una revista la

fotografía de un joven iraquí. Este muchacho había perdido sus dos brazos y había sufrido graves quemaduras, hacía pocos días, cuando un cohete estadounidense cayó sobre su casa, matando a dieciséis miembros de su familia, entre ellos a sus padres y a su hermano. Este niño era el símbolo del llamado daño colateral, un blanco no intencional, de la guerra contra el terrorismo, pero, de cualquier forma, una víctima de esa guerra. Mientras empacaba para tomar el avión a Kuwait, no podía sacar de mi mente la dolorosa e inexpresiva mirada del muchacho que había visto en la revista.

Unos días después de llegar a la Ciudad de Kuwait, con Ángel Matos y Herman Ulloa como camarógrafos y la productora Margarita Rabin, supe que el muchacho, cuya dramática historia había ocupado los titulares del mundo entero, aún estaba con vida. Había sido llevado por avión a la Ciudad de Kuwait, a un hospital especializado en víctimas de quemaduras. Su nombre era Ali Ismael Abbas.

Llegamos a la unidad de quemados del hospital, esperando poderlo ver y, de ser posible, entrevistarlo. El jefe de cirujanos que lo había estado tratando nos informó que el estado del muchacho era extremadamente delicado, ya habían tomado fotografías para la prensa el día anterior. El doctor nos informó que Ali estaba respondiendo bien al tratamiento y que los injertos de piel de su tórax estaban prendiendo satisfactoriamente. Le dije lo importante que era la historia de Ali para nuestros televidentes, muchos de los cuales provenían de los países latinoamericanos desgarrados por la guerra, donde niños como éste sufrían las consecuencias de la acción bélica. Debimos conmoverlo porque aceptó permitirnos ver a Ali aunque sólo por cinco minutos. Tuvimos que usar máscaras y batas quirúrgicas para proteger al niño de posibles infecciones. Entramos a la habitación de Ali y encontramos a un muchacho de once años totalmente concentrado en las imágenes de un pequeño reproductor de DVD. ¿Qué miraba con tanta atención? Cuando me acerqué a su cama, me di cuenta de que esta joven víctima de la guerra estaba hipnotizada ante una secuencia de una batalla entre personajes animados japoneses, Pokemon. Una de las doctoras que lo atendían, la doctora Sabreen Alzamel, aceptó ser nuestra traductora durante la corta visita.

"¿Cómo se siente?" pregunté a la doctora. Ella evidentemente se conmovió con la respuesta del muchacho.

"Quiere volver a tener sus brazos," dijo.

Y quería su hogar y el carro de su padre, también, según le explicó Ali a la doctora. ¿Cómo más iba a poder trabajar para mantener a sus cinco hermanas que, milagrosamente, sobrevivieron al bombardeo? Éste era su mensaje al gobierno de los Estados Unidos.

Sólo un par de semanas antes, el mundo observó asombrado cómo las tropas norteamericanas tumbaban la estatua de Saddam Hussein. Se había convertido en la imagen central de la guerra—este busto de metal arrastrado por las calles por masas de iraquíes que celebraban la caída del odiado "Carnicero de Bagdad." Pero había un muchacho cuyo único crimen era el de estar en el lugar equivocado al momento equivocado. Él también era un símbolo de esta guerra; su torso mutilado por las bombas dirigidas a librar al mundo de un despiadado dictador.

Ali se expresaba con una pasión y una intensidad superior a sus años. Me sorprendieron su determinación y espíritu resuelto. Me preguntaba cómo sería su pueblo. ¿Dónde estaban sus hermanas? ¿Cómo estaban soportando las consecuencias de semejante pérdida? Estaba decidida a llegar a Bagdad para averiguarlo.

Entre el bullicio de los médicos y los periodistas en el hospital, captamos la voz de un hombre que hablaba con los reporteros en perfecto inglés con acento británico. Su nombre era Stewart Innes y había venido de Bagdad, donde trabajaba como traductor para un periodista australiano que estaba cubriendo la historia del muchacho. Nos contó que, en Australia, había sido tan abrumadora la reacción a la tragedia del muchacho que un generoso lector había ofrecido comprarle una casa nueva, o cualquier otra cosa que necesitara. Lo que el joven necesitaba era un mejor hospital, porque lo estaban atendiendo, inicialmente, en unas instalaciones médicas carentes de los más elementales recursos en un barrio de Ciudad Saddr en Bagdad. Entonces Innes y el equipo australiano convencieron a los soldados del ejército estadounidense de traerlo en un helicóptero *medivac* Black Hawk a uno de los mejores centros para atención de quemados en Kuwait.

Innes cruzó nuestro camino justo a tiempo. El traductor kuwaití con el que habíamos venido trabajando no podía viajar a Irak. Le preguntamos a Innes si podía acompañarnos y, por suerte, estaba libre y se mostró dispuesto a hacerlo. Conocía muy bien Bagdad y, más importante aún, sabía como llegar a las ruinas de la casa de Ali.

MI EQUIPO y yo estuvimos en Kuwait durante toda una semana tratando de convencer a los oficiales del ejército de los Estados Unidos de que nos permitieran cruzar la frontera. Habíamos pensado que podríamos lograr que alguien nos llevara en un avión militar de los Estados Unidos hasta Bagdad. No era una idea tan descabellada—días antes, los oficiales del ejército de los Estados Unidos habían tenido esa cortesía con Christiane Amanpour de la CNN y unos cuantos periodistas importantes. Sin embargo, después de varios días de insistir ante distintas autoridades, los militares no nos acercaron a Bagdad. Tratamos inclusive de convencerlos de que nos permitieran ir detrás de sus tanques. Eso tampoco dio resultado.

En cambio, nos encontramos enfrentados a la peor de las tormentas de arena mientras nos dirigíamos a Camp Victory, en Kuwait.

En este polvoriento campamento, los oficiales del ejército habían reunido a un grupo de soldados hispanos para que los entrevistáramos. Eran muchachos jóvenes, algunos de no más de dieciocho años, del Tercer Regimiento Blindado de Caballería, provenientes de Colorado Springs, Colorado, la división de caballería más antigua de los Estados Unidos. Conocimos al sargento Arturo Loredo, un joven valiente, cuyo padre mexicano izó la bandera norteamericana al frente de su casa el día que él se convirtió en oficial del ejército. Y a Álvaro Razo, un soldado de diecinueve años de Michoacán, México, que había venido por la ruta de Fresno, California. Vivía el sueño de su niñez. Y no estaba solo. Había traído un relicario, con la imagen de la Virgen de Guadalupe y un rosario, que llevaba colgado al cuello junto con sus placas de identificación. También conocimos a Jesús Ortega, de San Diego, California, así como a Israel Figueroa de Orlando, Florida, ambos de veinte años y apartados de sus familias por primera vez en sus vidas.

Instalamos nuestro "videoteléfono" y salimos en vivo con sus entrevistas en el programa de la mañana de Univision, *Despierta América*. A través de la magia de estos teléfonos satelitales, también pudimos conectarlos con sus familias en

Estados Unidos. Al mirarlos, mientras hablaban con sus familiares, no vi los curtidos soldados de un regimiento histórico sino unos niños de rostros infantiles, algunos menores que mi hijastra que en ese momento tenía veinte años. Tenían miedo y nostalgia. Les ofrecimos llevar cartas a sus hogares. Meses después, sus agradecidas familias se pondrían en contacto con nosotros.

AUNQUE NUESTRA visita a Camp Victory valió la pena, demoró nuestro viaje a Bagdad. Supongo que de eso se trataba, de distraernos con historias "positivas" y demorarnos, con la esperanza de que nos diéramos por vencidos. Me di cuenta de que el ejército de los Estados Unidos no tenía la menor intención de ayudarnos a llegar a Irak, ya fuera por tierra o por aire, cuando el oficial jefe de comunicaciones nos explicó cuál sería el escenario, en el mejor de los casos.

"Ustedes siguen insistiendo que los llevemos a Bagdad. Entonces los llevaremos, pero no les permitiremos salir del aeropuerto. Podrán obtener algunas imágenes del aeropuerto y regresar," me dijo.

"No, queremos ir a Bagdad," insistí.

"Está bien, entonces, podemos dejarlos y ustedes pueden pasar la reja y entrar a Bagdad. Luego, cuando les disparen en la cabeza, no seré el encargado de llamar a su esposo a decírselo," me respondió.

Hasta ahí llegaron nuestros escoltas militares. Nuestros pases "unilaterales" significaban que iríamos por nuestra propia cuenta. Necesitábamos además un permiso del gobierno de Kuwait para cruzar la frontera. Pero eso no fue tan difícil de obtener. Mientras hacíamos todos los trámites, uno de los funcionarios kuwaitíes detectó la palabra "Univision" en nuestras solicitudes.

"¿Univision? ¿Conocen a Bert Delgado?," preguntó.

Claro que conocíamos a Bert. Era un viejo amigo que había trabajado en la cadena durante muchos años.

"¡Su padre fue mi profesor!" nos dijo. Por coincidencias del destino, este joven kuwaití no solamente había estudiado en los Estados Unidos sino que lo había hecho muy cerca de nosotros, en la Universidad Internacional de la Florida. Obtuvimos nuestros pases sin demora—gracias a Bert.

Los tres miembros de mi equipo y yo nos unimos a una caravana de otros "unilaterales"—periodistas, traductores y guardias británicos vestidos de civiles—y tomamos todas las precauciones imaginables. Alquilamos dos vehículos de doble tracción, nos aseguramos de llevar un juego adicional de neumáticos, una provisión de gasolina, de todo.

Cuando terminamos la transmisión del noticiero de la noche, a las 2:30 A.M., hora local, fuimos al supermercado a comprar provisiones. Compramos dos generadores, una tetera, agua, Spam, atún, galletas, frutas enlatadas, papel higiénico, servilletas y toneladas de café. Empacamos nuestros chalecos antibalas y nuestras máscaras de gas y a las 4:30 A.M., emprendimos el viaje.

Cuando amaneció en el desierto, todo lo que podía ver por millas y millas de distancia era arena. A los lados de la solitaria carretera iraquí, vimos unos cuantos tanques destruidos, ocasionales caravanas de camellos y vehículos blindados estadounidenses que transitaban en ambos sentidos. Del interior de pequeñísimas nubes de polvo aparecían nómadas, con sus brazos estirados, en un incomprensible lenguaje corporal. ¿Qué querían? ¿Agua? ¿Comida? ¿Dólares? No teníamos la menor idea. Le di una manzana a una mujer y se limitó a mirarla. No habló. Sólo lloró. ¿Qué quería? ¿Cómo saberlo?

A una hora de Bagdad, el guardia de seguridad británico nos indicó que nos pusiéramos los chalecos antibala. Muy pronto, aparecieron señales que mostraban una ciudad militarizada. Nos dirigimos a la zona central bloqueada por tropas estadounidenses y encontramos el Hotel Palestine, frente a la plaza, donde antes se encontrara el famoso busto derrocado de Saddam Hussein.

El hotel, convertido en la improvisada sede de los corresponsales extranjeros, estaba, desde hacía varios días, sin agua corriente ni electricidad. Para fortuna nuestra, un productor de la CNN, en preparación a nuestra llegada, nos había reservado dos unidades en un pequeño edificio de apartamentos detrás el hotel. Por lo tanto, durante la semana que estuvimos en Bagdad, no sólo contamos con un amplio espacio sino con las bondades del agua corriente, fría pero limpia.

Hacía cuatro semanas que había comenzado la guerra. La ciudad estaba prácticamente cerrada. No había semáforos, ni reglas de ningún tipo. La mayoría de los edificios públicos habían sido bombardeados por las "bombas inteligentes" estadounidenses, tan inteligentes que habían dejado el ministerio de petróleo intacto. En las calles, las cámaras de televisión filmaban a quienes se dedicaban al pillaje, mientras excavaban y rebuscaban entre los lujosos desechos de los palacios de Saddam. Pero el primer día nosotros enfocamos nuestro reportaje en una excavación diferente. Nuestro traductor se había enterado de que habían descubierto una fosa común. Seguimos las instrucciones de su fuente de información para llegar hasta el sitio a través de una compleja ruta que exigía sortear las congestiones de tráfico y convencer a los soldados para que nos permitieran el acceso a ciertas vías. Cuando al fin llegamos al supuesto sitio de la fosa común, nos dimos cuenta de que un automóvil venía siguiéndonos. Nos detuvimos para preguntar qué querían. Después de unos tensos momentos, les preguntamos si sabían algo sobre el sector donde estaban las fosas comunes. Sí lo sabían. Pasaron su auto delante de los nuestros y los seguimos hasta un área abandonada que antes había servido como campo de entrenamiento para la policía secreta iraquí. Al interior, cuando el camino se fue apartando hasta convertirse en un sendero de tierra, comenzamos a preocuparnos y a preguntarnos a dónde nos llevarían. Pero luego vimos un grupo de gente de pie ante una larga trinchera sobre un barranco de tierra. Era ahí donde estaban desenterrando los cuerpos, con la esperanza de encontrar a sus seres queridos. Mientras filmábamos, desenterraron varios cadáveres.

¿Quién los había enterrado? Ni siquiera quienes estaban excavando parecían saberlo a ciencia cierta. Podían ser víctimas de la brutalidad de Saddam Hussein o podía tratarse de rebeles iraquíes enterrados por los norteamericanos. Cualquiera que fuera el caso, los excavadores de tumbas se habían tomado lo que parecía ser un centro de entrenamiento de los temibles Guardias Republicanos de Hussein, en donde habían dejado una macabra escena salpicada de granadas estalladas y cartuchos vacíos.

Esa primera experiencia cambiaría el tono de nuestra cobertura. Nos esforzamos por salimos de las noticias comunes. Nos arriesgamos a ingresar más allá de las líneas militares de los Estados Unidos en la Ciudad Saddr, una zona franca, un tugurio habitado por malhechores iraquíes armados, que vendían armas y municiones robadas en su mercado. Durante años, la mayoría Shiita sufrió la represión de Saddam Hussein, quien les prohibió practicar abiertamente su religión. Pronto, después de la invasión, se apoderaron de sector antes llamado Ciudad Saddam y lo rebautizaron Ciudad Saddr, en honor de su maestro espiritual, el fallecido Imán Mohammed Saddr, martirizado por Hussein.

Mientras caminábamos por el lugar, se reunió una multitud y sus gritos se oían en el fondo, mientras yo instalaba mi equipo. Según Stewart Innes, nuestro traductor, se quejaban por la falta de alimentos, agua, electricidad y seguridad. Pero, una vez más, la brecha entre ellos y nosotros era enorme. A medida que sus gritos aumentaban en intensidad, Innes sugirió que volviéramos al auto. Yo miré hacia atrás, pero los habitantes locales seguían arremolinándose a mi alrededor. Estaba muy nerviosa, pero procuré mostrarme tan amistosa como me fue posible. Sonreí e intenté demostrarles mi compasión. Cuando llegué al auto, alcancé a ver por un momento, en un techo cercano, un francotirador apuntando su rifle hacia mí. Se me paró el corazón. Temiendo lo peor, me limité a saludarlo con la mano y sonreír. Para mi sorpresa, me devolvió el saludo.

¿Quienes creían estos iraquíes que éramos nosotros y qué imaginaban que estábamos haciendo allí? Estoy segura de que estaban tan ofuscados y confundido como nosotros.

Esa noche, de vuelta en el apartamento, escribimos a la luz de una vela y tuvimos que utilizar el generador para conectar nuestro equipo de edición. Mi accesorio favorito resultó ser una confiable y pequeña linterna que iluminaba el camino desde nuestro "estudio" en el techo del Hotel Palestine, desde donde se veía la mezquita al otro lado de la calle, y nos permitía volver a nuestras habitaciones, subiendo seis pisos por escalera.

En nuestro apartamento, conocimos a un grupo de médicos españoles, miembros de Médicos del Mundo, que trabajaban como voluntarios en un hospital cercano. Los seguimos mientras atendían a los iraquíes en un pabellón de pacientes mutilados por la violencia. Los doctores habían traído medicamentos y equipos médicos desde España, porque las provisiones de los hospitales locales eran extremadamente escasas. Entrevistamos a madres que nos contaron cómo sus hijos habían sido víctimas de dispositivos explosivos perdidos. Había un pequeño que había recogido una granada que le estalló en la mano. Una niñita que había perdido una pierna. Su hermana había muerto. Cada habitación a la que entrábamos nos deparaba historias e imágenes trágicas, todas tan conmovedoras como la historia de Ali.

A mitad de la semana, con la ayuda de Innes, salimos en busca de la casa del joven Ali. Quedaba en un barrio pobre, en las afueras de Bagdad. Mientras conducíamos por la desolada región, me preguntaba cómo, en la era de las "bombas inteligentes," esa explosión había producido una destrucción tan

devastadora entre esta población civil. Una teoría local soste-
nía que el blanco al que supuestamente estaba dirigido el
bombardeo del 30 de marzo de 2003 era un vehículo militar
iraquí estacionado en un campo abierto a menos de una milla
de distancia. Pero, de ser así, la bomba había fallado y había
destruido en cambio cinco casas y varias familias.

En el sector afectado, donde viviera la familia de Ali, ha-
llamos rastros de su niñez interrumpida—su libro del Corán,
sus textos escolares y otras humildes posesiones. Conocí a sus
hermanas, entre los seis y los diecinueve años de edad. Estaban viviendo con una tía, mientras podían reconstruir su casa.
Prácticamente no hablaban. Seguían aturdidas por lo que
había ocurrido. Los testigos de la tragedia contaban que habían sido sacadas de entre los escombros después del ataque.
Sabían que su hermano estaba con vida, pero no habían hablado con él desde el bombardeo.

Con nuestro teléfono satelital pudimos establecer comunicación con el hospital en Ciudad Kuwait y permitir que Ali
hablara con sus hermanas. Cuando las niñas escucharon la
voz de su hermano, lloraron desconsoladas.

"¡Ali, Ali!"

No hablaron mucho. Pero los explosivos, por abundantes
que fueran, no habían destruido el lazo que los unía. Mientras atravesábamos de nuevo el desierto de regreso hacia
Kuwait, me acompañó la imagen de las hermanas de Ali llo-

rando. No habían dicho casi nada, pero su mensaje era ensordecedor. Aún a través de la barrera del idioma y de los signos irreconocibles, de entre las ruinas del hogar de una familia destruída brotaba una misma súplica.

No somos el enemigo.

TRECE

❧

Bendígame, Padre...

Durante mi viaje a Irak pensé muchísimo en mi padre. Todas esas imágenes de civiles afectados por la guerra me conmovieron hasta lo más profundo de mi ser. Me preguntaba qué habría pensado mi padre al ver a una madre que había perdido las piernas en una explosión, llorando en un hospital de Bagdad, rodeada de sus hijos.

Creo que sé lo que habría pensado. Habría compartido mis sentimientos de indignación. Habría condenado la violencia, habría dicho una oración en voz baja.

Sabía lo que habría pensado, porque llevo sus palabras en mi alma. Lo oí decir lo que pensaba. He leído sus cartas de protesta. He adoptado sus convicciones y las he hecho mías, acogiendo esta sagrada herencia de la pasión que anima mi existencia. Hay otras cosas, como sus convicciones más profundas, que lo llevaron a tomar las decisiones que alteraron su vida, que no me ha sido fácil captar. Me han tomado años de dudas, investigaciones y entrevistas para poder llegar a algo que pudiera ser a una conclusión.

Volví a casa, después de mi misión de búsqueda de datos en la Ciudad de México en septiembre de 2004, con más preguntas que respuestas. Pero a medida que crecía mi lista de interrogantes, aumentaba también mi determinación de continuar la búsqueda. Atendí, tan rápido como pude, todos los asuntos que tenía pendientes.

Escribí una carta al padre Luis Ávila Blancas, el historiador de la iglesia, que se encontraba convaleciente cuando había ido a La Profesa unos meses antes.

Estimado Padre Ávila Blancas:

Espero esta carta lo encuentre bien de salud. Antes que nada permítame presentarme. Mi nombre es María Elena Salinas. Vivo en la ciudad de Miami en el estado norteamericano de la Florida. Soy periodista de profesión, pero el motivo de esta carta es personal. Se trata de un tema bastante delicado que me hubiera encantado discutir con Usted en persona, sin embargo los días que estuve en México, Usted estaba indispuesto.

Yo Soy la Hija de Mi Padre

Como Historiador de los Oratorianos, tengo la esperanza que me pueda ayudar a esclarecer algunas interrogantes e inquietudes que tengo sobre uno de los sacerdotes que sirvió en la orden Felipense y que tengo entendido fue párroco en La Profesa durante un tiempo en la década en los años 30.

El nombre del sacerdote era José Luis Cordero Salinas. La razón por la que me interesa conocer más sobre su participación en la iglesia es porque él era mi padre. No fue hasta después de fallecido que yo me entere por casualidad que él había sido sacerdote. Han pasado varios años y yo sigo con la inquietud y siento una gran necesidad por conocer más sobre su pasado.

Yo sé que sería prácticamente imposible el conocer los motivos que lo llevaron a cambiar su vida de rumbo, casarse y tener tres hijas, de las cuales yo soy la menor. Pero siento la necesidad de saber más sobre las circunstancias que rodearon su sacerdocio. Por ejemplo, me gustaría saber cuándo se ordenó, por qué eligió a los Oratorianos y cuál fue la labor que realizó en la iglesia.

Lo único que sé, es que su hermano, José Antonio Cordero Salinas también fue sacerdote. Padre Ávila, le pido de todo corazón que si hay algún dato que Usted me pueda proporcionar por más pequeño e insignificante que parezca, para mi sería de gran valor sentimental. Yo amo a mi padre y mantengo su recuerdo muy en alto. Pero no puedo estar tranquila hasta lograr esclarecer tantas incógnitas de su pasado, que forman parte de mis raíces.

Le agradezco de antemano cualquier atención a este caso.
Y de ser necesario yo puedo buscar la forma de regresar a
México para conversar con Usted. Le adjunto mis datos y
en breve intentare comunicarme con Usted por teléfono.

Atentamente,
María Elena Salinas

Esperé un par de semanas, después de enviar mi carta, antes de llamar por teléfono al padre Ávila a la iglesia. Pareció alegrarse de oírme. Su voz era dulce, como la de un abuelito, y hablaba en los tonos amplios de alguien que tiene cierta limitación auditiva.

"Sí, claro que recuerdo al Padre Cordero," dijo. "Me preparó para mi primera comunión. Yo era apenas un niño, pero lo recuerdo claramente."

Le pregunté si podía ir a México a reunirme con él. "Tengo tantas cosas que preguntarle," le dije.

Claro que se reuniría conmigo, me respondió. Pero quería advertirme que no tenía mucha información que darme. Le había perdido el rastro a mi padre poco después de esas clases de catecismo de su infancia. Eso no me importó; sabía, en mi corazón, que cualquier cosa que pudiera agregar era una contribución más a lo que ya tenía en mi cuaderno de notas.

Llamé a mi prima Lucila para darle la buena noticia

de que el Padre Ávila había aceptado verme y que pronto estaría de vuelta en México. Pero ella tenía noticias aún mejores para mí. Había encontrado otras dos fotografías de mi padre como sacerdote y una de sus hijas había encontrado una vieja carta escrita en latín. Pensaba que era de la Santa Sede. Dijo que me las enviaría con un mensajero a mi hotel en Ciudad de México, porque no podía viajar esa semana desde su casa en Cuernavaca.

Empaqué unos de los documentos de la Caja de Los Secretos y la fotografía que Lucila me había dado durante mi primer viaje—la de mi padre luciendo su sotana—y tomé un avión a Ciudad de México para reunirme con el Padre Ávila.

Poco después de llegar al hotel (en enero de 2005), recibí el paquete de Lucila. Las fotografías de las que me había hablado eran muy nítidas. Las dedicatorias en la parte posterior estaban escritas en la elegante y familiar caligrafía y firmadas "Padre José Luís Cordero y Salinas." La carta, una copia hecha con papel carbón, también estaba en buen estado, a pesar de haber sido escrita en delicado papel cebolla. No entendía lo que decía, pero parecía ser algún tipo de memorando oficial o legal. Tenía la esperanza de que el Padre Ávila recordara su latín y pudiera traducírmela.

El día de nuestra reunión, me desperté más temprano para tener tiempo suficiente para poner mis pensamientos en orden. Por enésima vez, analicé mis razones para querer saber tanto sobre la vida de mi padre. Lo podía atribuir a una simple cuestión de identidad y no darle más vueltas. Pero ¿realmente debían incumbirme las cosas de mi padre? ¿Tenía derecho de investigar en un campo que él había mantenido tan apartado? He hablado al respecto con mi hermana Isabel. Le he preguntado por qué ella, aparentemente, no está interesada en el pasado de nuestros padres. Su respuesta es corta y directa: amaba inmensamente a nuestros padres y está satisfecha con el amor que recibió de ellos.

"Si hubieran querido que lo supiéramos, nos lo habrían dicho," sostiene.

Hasta cierto punto tiene razón, pero, aunque comparto su gratitud por el amor que nuestros padres nos dieron, no comparto su conformidad. No creo que la vida de mi padre haya sido un paréntesis estático en el tiempo, sino una fuente continua de la que sus seres queridos y sus descendientes podrán seguir obteniendo conocimientos e inspiración. ¿Qué mejor tributo puedo rendirle al hombre que más quise en el mundo que abrazar su vida, la totalidad de su vida? Para mí es como decirle, "Gracias, papi. Sé que me querías demasiado como para abrumarme con tus problemas, pero ahora puedo cargar con ellos."

CON OCHENTA años de edad, el Padre Ávila era tal como lo había imaginado, un sacerdote frágil pero sonriente que se movía de un lado a otro con la ayuda de un bastón. Estaba abrigado con un grueso suéter para protegerse del frío del invierno y me llevó a su imponente oficina en el interior de La Profesa. La antigua y oscura iglesia, con su dulce fragancia de tantos años de miles de ofrendas, me daba la sensación de estar ingresando a una especie de confesionario. De ser así, yo deseaba ser el confesor. Le pregunté al Padre Ávila si podía grabar nuestra conversación. Él aceptó.

Pasamos las dos horas siguientes hablando de épocas pasadas de La Profesa. Tenía una impresionante memoria para los detalles, sobre todo teniendo en cuenta que hablaba de cosas que habían sucedido cuando tenía diez años.

"Mis papas me mandaban aquí al catecismo, aquí en la Profesa. Entonces pues aquí aprendí todo desde persinarme, hasta el ave Maria, todo lo cristiano...," comento. "Venía los sábados, era el catecismo en la tarde de 4 a 5. Entonces las tres hermanas Murgia, Guadalupe y Carmen, venían y nos daban el catecismo. Y al terminar el catecismo el padre José Luis Cordero salía de la sacristía y nos daban explicaciones. "Es así como conocí al padre y me acuerdo de su estampa muy bien, un personaje muy distinguido, delgado propiamente, pero su imagen era de mucha prestancia, eso sí me acuerdo. Y me acuerdo muy bien después de haber dado una explicación, un sábado al final de la explicación nos dijo, 'me despido de ustedes,' les digo a los catequistas y los niños, 'por que me mandan a Roma y no se para cuando voy a regresar, entonces me despido pero hay de quedarse en lugar mío otro padre que también les va a dar la explicación.'"

Sus recuerdos me animaban. Quería saber todo lo que pudiera recordar.

"¿En qué año fue eso?" le pregunté.

"En 1936," respondió. "Luego, el Padre Cordero desapareció y nunca más lo volví a ver."

Le dije que había oído decir que mi padre había tenido una decepción, que había tenido un desacuerdo con un sacerdote residente mientras estuvo aquí, y que ese sacerdote lo había enviado de una parroquia a otra sin permitirle permanecer mucho tiempo en ninguna.

"Dicen que mi padre levantaba una parroquia y luego lo enviaban a otra, y a otra más," le dije al Padre Ávila.

"Sí, es cierto," respondió. "Mientras tu padre estuvo aquí, debe haber influído el padre superior. Que era… cómo podría decirlo… muy energético."

"¿Cómo se llamaba?" le pregunté.

"El Padre José González Rivera," respondió.

"¿Qué hizo el Padre González?"

"Le gustaba molestar," me dijo, con cierta timidez.

"¿En qué sentido le gustaba molestar?" insistí.

"Pues tratándolos despóticamente y siempre con una persona que te trata de esa manera, pues es difícil," se lamentó el Padre Ávila. "Él era el Padre Superior. No sé que cargo haya tenido tu padre, pero en la práctica tuvo que haber tenido un cargo principal porque él compuso la colección riquísima que tenemos aquí, 'La Pinacoteca.' Entonces él fue el primero que distribuyó las pinturas que hizo una colección que estaba encerrada en el coro sin mayor aprecio, y el padre Cordero las empezó a distribuir, a colocarlas, a apreciarlas y arreglo unas habitaciones en las que el vivió aquí arriba."

¿Mi padre había creado un museo y una parroquia? El Padre Ávila debió darse cuenta de que se me iluminó la cara de orgullo.

"Así es, fue el primero. No está como él lo dejó porque yo lo arreglé de una manera diferente, pero digamos la primera ocasión, eso sí me consta, que la primera vez que se organizó este lugar y se colocaron las pinturas, fue hecho por él. Lástima que yo no tenga las fotos de esa época, las tiene otro padre y las tiene archivadas, para que te dieras cuenta como estaban las pinturas. En el poco tiempo que estuvo aquí emprendió muchas obras, como fueron esas, en el haber construido tres habitaciones para ese padre superior, para él, y otro padre que estuvo aquí un tiempo.

Busqué un sobre que había traído con algunas fotografías de mi padre.

"No sé si lo recuerda," dije al anciano sacerdote mientras le entregaba las fotografías. "Esta tiene fecha de 1933... y esta otra es de 1939. Me las dieron."

El Padre Ávila miró atentamente las imágenes en blanco y negro con gran curiosidad. Sus ojos se iluminaron al ver la cara de mi padre.

"¡Ah, sí, aquí está! Exactamente como cuando lo conocí. Así fue como lo conocí, y coincide con la fecha, 1933," comentó. "En esta otra fotografía, de 1939, ya no formaba parte de esta congregación. Era un sacerdote secular o sea ya dependiendo del obispo de México."

Todavía tenía un millón de preguntas que hacerle.

"Cuénteme un poco más sobre los Felipenses, porque quisiera saber cuál fue la razón que lo llevó a elegir esta orden. ¿Por qué ésta?" le pregunté.

"Pues se trata de una comunidad muy suave, en su manera de vivir, de convivencia, de alegría, de sencillez. Y una cosa muy importante que puede tener sus cosas propias, lo que no pasa en las otras ordenes por sus votos de pobreza, la castidad aquí nosotros la tenemos por ser sacerdotes. Luego la pobreza la podemos abandonar con tal de no acumular fortunas y de obedecer al superior o al Obispo. Pero no es una forma de vida drástica," me respondió.

"Entonces ¿entre las distintas órdenes, esta sería una de las menos estrictas, diría usted?"

"Sí, así es, se supone que debemos vivir con sencillez, eso es todo."

"¿Qué significa que un sacerdote cuelgue sus hábitos?" le pregunté.

"Exactamente eso," respondió el Padre Ávila.

"¿Pero sigue siendo sacerdote?" indagué.

El Padre Ávila asintió con determinación. "Ah, sí," respondió.

Su respuesta me sacudió.

"Entonces ¿viví toda mi vida con un sacerdote?" le pregunté horrorizada.

"Sí, naturalmente," respondió.

Sin embargo, me preguntaba si mi padre había tenido alguna alternativa en ese asunto. ¿Qué habría pasado si simplemente hubiera llegado un día a la rectoría, en 1940, y hubiera dicho a sus superiores que quería dejar el sacerdocio porque había conocido una mujer y quería casarse con ella? ¿Qué habrían dicho sus superiores? pregunté al Padre Ávila.

"Pues mira, no. Después del Concilio Vaticano Segundo accedieron en muchos casos. Muchos dejaron el sacerdocio para casarse y los casaron, y por la iglesia por supuesto, pero fue después del vaticano segundo," respondió.

Le pedí al Padre Ávila que mirara dos documentos escritos en latin: el que Lucila me acababa de enviar de Cuernavaca y uno más corto que había encontrado en la Caja de Los Secretos. Este último, fechado el 11 de mayo de 1943, resultó ser una especie de licencia. El sacerdote leyó el documento en silencio.

"Este es para permitirle oficiar misa," explicó después de

haber leído los dos documentos. "Sí, José Luis, tu padre, podía oficiar misa y confesar en los Estados Unidos, en Los Ángeles y en San Diego. Entonces, en ese año, 1943, todavía ejercía como sacerdote... está escrito aquí, mira, ésta es una licencia, 'permiso'—así se llama. El obispo concede al sacerdote dar misa."

El permiso al que se refería venía del arzobispo de México, Luís María Martínez Rodríguez. Por lo tanto, según me explicó el Padre Ávila, mi padre todavía estaba bajo la autoridad del obispo en 1943.

"Debe haber ido a las oficinas del arzobispado a decirles, me voy a Estados Unidos, denme licencia para estarme allá y celebrar misa y confesar, y le dieron permiso," me explicó.

El otro documento, la carta, era más complejo. El Padre Ávila me lo tradujo al español, aunque titubeando, con largas pausas. Parecía que le costaba trabajo no sólo el idioma, sino el contenido. No podía imaginar por qué. El primer documento lo había traducido sin problema, sin embargo, cuando tomó en sus manos la carta, la copia en papel cebolla, su fluidez disminuyó.

"Es de... la Santa Sede... dice José Luis... dejó por voluntad propia el sagrado ministerio y después contrajo matrimonio. Después de haber contraído propiamente dicho matrimonio civil, ha engendrado tres hijas," comenzó el Padre

Ávila. Pero pareció quedarse estancado en un párrafo. "No, es raro… dice que ya estaba casado por lo civil."

"¿Qué más dice?", le insistí.

" 'Duro diez años continuos, y por causa de muchas vejaciones, molestias o decepciones que dejaron su animo turbado, dejo por su propia voluntad el ejercicio del ministerio," leyó el Padre Ávila, deteniéndose para darme su interpretación. "Aquí debió haber batallado mucho con el padre superior, yo batallé, yo lo conocí, porque era un padre de mente muy apegada a las tradiciones antiguas y yo no más te digo una cosa, cuando el vivía aquí todavía, no podía cambiar nada de su lugar. Explícate tú eso. Entonces cuando el padre Cordero tuvo que componer las pinturas y ordenarlas, tuvo que haber batallado mucho. El padre no soportaba que movieran nunca nada. Esas molestias yo las soporté también y las sufrí porque yo llegué aquí en el 60 y el padre superior murió en el 65."

El Padre Ávila rio al pensarlo, luego volvió a la carta: "Dice aquí, tanto así que estaba con ánimo turbado."

Pero luego llegó a un pasaje que parecía especialmente importante.

"Fíjate, aquí le están concediendo una gracia especial, dado que él reconoce sus faltas," dijo, mientras leía en voz alta el pasaje: "Teniendo en cuenta su salud espiritual y la de los suyos… se les concede una gracia santificante por la sagrada penitencia apostólica y la absolución de su falta."

El Padre Ávila dejó a un lado la carta y me dio su mejor veredicto.

"Esto significa que murió dentro de la Iglesia. Murió reconciliado. Está pidiendo que se le conceda la absolución y pueda recibir la unión legítima del vínculo de sacramento de matrimonio. Dice que antes de morir se le permitió casarse por la Iglesia. Se reconcilió con la Iglesia—quién sabe, tal vez algún sacerdote fue a confesarlo," dijo.

Pero yo me interesaba por la parte esencial, el resultado final.

"¿Entonces lo perdonaron?" le pregunté.

"Sí, allí lo están perdonando," respondió.

El Padre Ávila comentó que le habían recomendado a mi padre no regresar a México, sobre todo, no regresar a los lugares cercanos a donde se encontraban sus fieles, para no causar un escándalo.

"Pero fue perdonado, y le permitieron recibir otros sacramentos. Entonces, murió dentro de la Iglesia," concluyó el Padre Ávila. "Este documento vale mucho. Debería de estar todo aclarado ya. Esto debe ser un gran consuelo para tí."

Seguí al Padre Ávila, escaleras arriba, hasta la pequeña galería que mi padre había creado allí.

"Esto no se parece en nada a lo que era antes," me advirtió. Me explicó que había remodelado el área que en algún momento mi padre había adaptado como vivienda. De todas formas yo la quería ver, aunque me sentía horrible de que en su estado él tuviera que subir dos tramos de escalera. El Padre Ávila fue muy amable y colaborador, y sabía lo importante que era para mí estar allí, ver el lugar, volver a sentir la presencia de mi padre.

"Aquí dormía tu padre," me dijo, mientras me mostraba la primera galería. "Y en esta área estaba la cocina. De este lado quedaba el comedor."

Había llegado tan cerca de la galería en mi primera visita a La Profesa. En ese entonces, intuí una relación con lo que fuera que hubiera detrás de esas puertas cerradas, y tenía razón. En ese momento no hubiera podido imaginarlo, pero una parte de la historia de mi padre estaba dentro de esas paredes. Y alguien lo recordaba.

CUANDO VOLVÍ a Miami, no podía librarme de los interrogantes. El Padre Ávila me había dicho que la historia de mi padre había tenido un final feliz. Pero había algo en la forma en que leyó la carta, algo en la manera como me observó durante esas largas pausas, que me hizo preguntarme qué me habría omitido. ¿Había algo que me estaba ocultando? ¿Era simplemente un hombre viejo cuyo latín ya no era tan fluido? ¿O era un hombre santo, un sacerdote que simplemente reconocía el deseo de una hija por poner punto final a una situación que quiso darle cierta dosis de serenidad?

Si este último era el caso, entonces, le agradecía sinceramente su empatía. Pero quería una segunda opinión sobre la carta. Contacté a dos sacerdotes que conocía en Miami y les envié copias por fax.

El primero, el Padre Alberto Cutié, tenía una traducción totalmente distinta que ofrecerme. Según él, la carta no era de la Santa Sede para mi padre sino de mi padre para la Santa Sede. La carta, según él, expresaba una solicitud de perdón.

El segundo sacerdote, Monseñor Tomas Marín, estuvo de acuerdo:

"Está pidiendo a la Santa Sede que elimine sus obligaciones para con el sacerdocio. Menciona a sus hijas y su deseo de llevar una vida cristiana en unión con su esposa, dentro de un matrimonio legítimo. 'Para la salud de mi alma, pido que me sea permitido volver a los sacramentos.'"

¿Entonces mi padre no había muerto en paz con la Iglesia? Aquí estaba la solicitud, pero ¿dónde estaba la respuesta? Llamé a mi prima Lucila en Cuernavaca. Ella me había dado la carta, por lo que probablemente sabría más acerca de sus orígenes. Quería contarle la conclusión a la que habían llegado los sacerdotes de Miami.

Y fue ella, una vez más, quien me tranquilizó.

"Sí, es una solicitud," me dijo.

La carta, comentó, fue escrita por mi tío José Antonio. La dirección que aparece en la parte inferior, "Avenida de la Unión #351. Apartamento No. 3 MÉXICO, 14, D.F." era la del lugar donde una vez viviera mi tío.

Me dijo que José Antonio fue quien viajó personalmente a Roma a buscar el perdón para mi padre.

"Y volvió con ese perdón. Lo recuerdo porque me lo dijo," insistió. "Y ya todo está bien."

Pero, este perdón, agregó, vino con cuatro condiciones básicas para mi padre:

1. No podía celebrar misa.
2. En caso de guerra, debía cumplir sus deberes de sacerdote.
3. No podía abandonar a su esposa y a sus hijas.
4. No debía vivir en territorio mexicano (para evitar el pecado de escándalo).

Para la familia fue muy importante que lo hubieran perdonado.

"Somos muy religiosos. No podíamos soportar que uno de los nuestros estuviera excomulgado de la Iglesia," me dijo.

Confié en la memoria de Lucila. Para reafirmar su historia, me preguntó si alguna vez había visto que mi padre recibiera la Sagrada Comunión.

"Sí, sí lo vi," le respondí.

"Bien, no lo habría podido hacer a menos de que hubiera estado absuelto," me dijo.

Aunque eso aclaraba mis dudas acerca de los documentos en latín, todavía no tenía respuesta a mi otra pregunta: ¿Cuándo y por qué había dejado mi padre el sacerdocio? Fechas, anécdotas, y fotografías se confundían en mi mente. Algunos detalles se destacaban cuando repasaba todo lo que mis familiares me habían contado.

Mi prima Lucila me había dicho que la última vez que vio a mi padre fue el 1 de mayo de 1943, el día de su fiesta de quince años. Había dicho misa concelebrada con su hermano José Antonio y luego había hablado con los invitados a la recepción.

"Estaba de muy buen humor... luego, nunca volvimos a saber de él."

No podía haberse equivocado de fecha. Era su cumpleaños. Es evidente que sabe cuándo cumplió los quince años. Pero había algo acerca de ese año, 1943, que no me dejaba en paz.

Recordaba una de las muchas cartas de la Caja de Los Secretos. Fue una de las primeras que él había escrito al Departamento de Guerra, explicando sus razones para negarse a ser reclutado. ¿Qué relación había para que la fiesta de quince años de Lucila me recordara esa carta?

Busqué y busqué en el viejo archivo hasta que encontré la carta. Miré la fecha: agosto 4 de 1944. No era eso. Luego comencé a leer:

José Luis Cordero Salinas
P.O. Box 430
Tijuana, B.C. México
4 de Agosto de 1944

DEPARTAMENTO DE GUERRA DE LOS ESTADOS UNIDOS WASHINGTON, D.C.

Muy señores míos:

Atentamente expongo ante ustedes, para su deliberación, el caso siguiente.

El mes de Mayo de 1943, ingresé a los Estados Unidos por la frontera de Nogales, Arizona con el carácter de residente legal de los Estados Unidos.

El fin que perseguía al trasladarme de mi propio país, la Republica Mexicana, al vecino país del norte, no era otro que el de continuar las investigaciones rigurosamente científicas en las especificaciones de la Sociología, Filosofía e Historia que desde mi juventud han sido la materia de mi especialización.

¿Mayo de 1943? Cruzó la frontera el mismo mes que desapareció de la Ciudad de México. Pero, un minuto—¿Qué decir del documento en latín que lo autoriza a decir misa y a confesar en Los Ángeles y San Diego? Esa comunicación también tiene fecha de mayo de 1943. Entonces, ¿qué era mi padre cuando entró por la frontera en Nogales, un sacerdote o un científico?

Además, ¿en qué momento entró en escena mi madre? Había hablado con tanta gente que pensé que podía lograr alguna claridad acerca de lo que ocurrió durante esos años de transición en la vida de mi padre. Casi todos los que conocieron bien a mis padres ya habían muerto. El hermano de mi padre y todas sus hermanas habían muerto, al igual que todos los hermanos de mi madre, a excepción de dos. Su hermano menor, Rodolfo, el mismo tío que me entregó cuando me casé con Eliott en Puerto Vallarta, desconocía los intrincados detalles del pasado de mi madre. Era apenas un niño cuando ella se casó.

Pero había una persona más con la que tenía que hablar. Es posible que ella tuviera las piezas faltantes de este rompecabezas. Le decimos Nina, el diminutivo de madrina. Recuerdo a Esperanza Viades, una mujer elegante y de voz suave. Fue mi madrina y la madrina de Isabel. Pero, era, en realidad, más que eso. Era parte integral de la familia. Era la amiga íntima de mi madre desde su juventud. Tengo innumerables fotografías de ella y su esposo Jorge, sonrientes, en compañía de mis padres, cuando eran parejas jóvenes. Mis hermanas y yo crecimos con sus hijas, Sandra y Espie—eran como nuestras primas. El tiempo y la distancia nos han mantenido físicamente separadas, pero los vínculos establecidos a través de su amistad con mi madre aún permanecen.

Así que, cuando llamé a mi Nina, después de un par de años de no hablar con ella, se emocionó al oír mi voz.

"Pienso en ti a todas horas," lloró. "Tú y tu mamá me hacen tanta falta."

Estaba ya en sus ochenta y cinco años de edad y un poco sorda. Hablamos por un rato de su vida, de su familia y de sus quebrantos de salud. Luego le pregunté si recordaba cuándo y dónde había conocido a mis padres como pareja. ¿Ya estaban casados? De no ser así, ¿fuiste a su boda? ¿En dónde tuvo lugar? ¿Te contaron que mi padre había sido sacerdote?

Nina no recordaba a ciencia cierta muchos detalles. Dijo que tal vez los había conocido en Mazatlán, en la región de la ciudad natal de mi madre. Recordaba que habían ido a Ciudad de México a tramitar sus documentos para poder viajar a los Estados Unidos. Recuerda haber asistido a la boda. Fue una ceremonia civil. Pero ¿fue en Los Ángeles? ¿En la Ciudad de México? ¿En Mazatlán? No lo recordaba.

"¿Conociste a mi padre cuando era sacerdote?" insistí.

"Sí," dijo. "Incluso lo vi celebrando misa en una ocasión,

con su hermano. Pero luego dejó el sacerdocio y trabajó como abogado eclesiástico."

Abogado. Mi madre había dicho que él era abogado cuando lo conoció.

La descripción que Nina me hizo de los acontecimientos fue, cuando más, apenas un esbozo. No recordaba lugares ni conversaciones. Pero había un detalle que no tuvo que esforzarse por recordar. Cuando le pregunté en qué año conoció a mis padres, no titubeó.

"Fue en 1943," dijo. Unos meses después, mi Nina murió de un derrame cerebral. Pero después de aquella conversación que había tenido con ella sobre mis padres, llamé a Isabel a contarle que había hablado con nuestra Nina. Hablamos durante un rato de las cosas que había averiguado con ella y con Lucila. Isabel se alegró. Pero, mientras le hablaba, podía sentir que sus pensamientos la estaban llevando a otro lugar. No quise abrumarla con demasiados detalles—sé que no está obsesionada con estas cosas como lo estoy yo. Entonces comencé a poner fin a la conversación. De repente me interrumpió.

"María Elena, sabes que tengo el anillo de bodas de mamá ¿verdad? Si no estoy mal, tiene una inscripción," me dijo.

¡Claro que sí! Mi hermana llevaba el anillo de nuestra madre colgada al cuello en una cadena de oro.

"¿Qué dice?" le pregunté.

Esperé a que leyera la inscripción.

"Es una fecha," respondió.

"¿Qué fecha? ¿Qué dice?"

Isabel pronunció tres números que, al oírlos, casi me hacen perder el equilibrio: "Cuatro. Cinco. Cuarenta y tres."

Eso significaba, claro está, 4 de mayo de 1943. La fecha inscrita en el anillo de bodas correspondía a apenas tres días después de la fiesta de quince años de Lucila, cuando ya mi padre había desaparecido de su antigua vida. Ahora sabía por qué. Dejó el sacerdocio para estar con mi madre. Había recorrido México, de un extremo a otro en busca de esta pista. Había interrogado a sacerdotes y primos. Y todo el tiempo la respuesta había estado ahí, colgada de la cadena que mi hermana Isabel llevaba al cuello. El *por qué*. Creo que nunca podré saber si su decisión de dejar la Iglesia la tomó antes de conocer a mi madre o si su belleza y la ternura de su alma lo cautivaron y le hicieron darse cuenta de que su vocación era la de ser un hombre de familia, y no un sacerdote. Tal vez mi padre no estaba huyendo de nada—tal vez estaba corriendo *hacia* algo. No había dejado el sacerdocio por ninguna razón vergonzosa. Simplemente se enamoró.

Ahora, sé en mi corazón que así fue. Sin embargo, tal vez debido a la misma terquedad que heredé de mi padre, parece que no puedo cerrar mi cuaderno de notas. Aún cuando fui a Roma en abril de 2005 para cubrir la muerte del Papa Juan Pablo II, llevé conmigo las preguntas que todavía me rondaban en la mente sobre la vida de mi padre. Fue un viaje para el que había empacado y desempacado una y otra vez, durante semanas, a medida que la salud del Papa de deterioraba. Mi fascinación y reverencia por esta historia era algo poco común para una mujer que se encontraba en una crisis de fe, como me ocurría a mí. Me sentía alejada de la Iglesia y de sus confines dogmáticos. Confieso que el sermón sobre los "asesinos de bebés" que había tenido que soportar durante las elecciones presidenciales de 2004 aún me atormentaba. Para mí, simbolizaba una cierta arrogancia y una hipocresía que consideraba perturbadora. De hecho, entre más lo pensaba, más me daba cuenta de que una de las razones por las que seguía siendo católica era por un sentimiento de culpa—¿Qué habría pensado mi padre? ¿Ser católica era una condición imprescindible para esa "educación moral" que tanto deseó darnos? Sin embargo, saber que había abandonado el sacerdocio—sea cual fuera la razón—me dio una perspectiva totalmente distinta. Poco a poco, sentí que iba saliendo de la sombra de lo que yo había percibido como las expectativas de mi padre y comencé a forjar mi propia relación con mi fe.

Además, también me sentía culpable porque, en el fondo de mi corazón, sabía que no estaba de acuerdo con el Vaticano en algunos aspectos básicos, como el divorcio, la planificación familiar para el Tercer Mundo, el papel de la mujer en la Iglesia, y la falta de acción punitiva contra los sacerdotes pedófilos. Pero, había algo en el Papa Juan Pablo II que me llamaba la atención. Sentía una conexión especial hacia él. Como tantos fieles que había podido conocer durante todas esas visitas papales que había cubierto a través de los años, me sentía atraída por su carisma. Como muchos de esos peregrinos, no me motivaba tanto la Iglesia como este Papa. Había algo en él. Me recordaba a mi padre.

La noche que el Papa murió a las 9:37 P.M., hora del Vaticano, yo estaba en vivo, desde Roma, como presentadora del informe especial de Univisión desde el Seminario de Santa Mónica. Estaba en un lugar privilegiado para nuestro maratónico cubrimiento. Justo detrás de donde me encontraba sentada para nuestra transmisión, estaba la ventana del apartamento de Juan Pablo II. Debajo de nosotros, en las calles que conducen a la Plaza de San Pedro, brotó un solemne murmullo de entre la multitud a medida que se fue difundiendo la noticia de su muerte. Al día siguiente, cuando llegó el momento de trasladar su cuerpo a la Basílica de San Pedro, la multitud aplaudió a su paso. Así como el Papa había subido tantas veces a su papamóvil para estar más cerca de sus fieles en el mundo entero, ahora el mundo venía a él.

Mientras veía las imágenes del cuerpo de Juan Pablo II que pasaba por las calles, me abrumó la emoción. Fuera de cámaras, me corrían las lágrimas. Sólo podía pensar en mi padre, también un hombre de Dios. Recuerdo cómo mi padre nos tocaba suavemente en la cabeza, como bendiciéndonos. Me di cuenta de que siempre había sabido, en algún nivel, que su fe era más profunda de lo que yo jamás podría imaginar.

Sentí la urgencia de buscar más respuestas, dado que estaba en la ciudad en donde mi padre estudió, en donde tal vez había sido ordenado, en el lugar donde se fundó su orden sacerdotal. Pregunté a uno de los primeros sacerdotes que entrevisté dónde podía encontrar la iglesia de San Felipe Neri.

"Está aquí cerca, calle abajo," me respondió.

Eso sólo aumentó mi frustración, puesto que estaba obligada a permanecer anclada a la cobertura. "Calle abajo" era como a cien millas de distancia. Cuando llevaba varios días en Roma, mientras me dirigía a realizar una entrevista, conversé con Tomas Munns, un estudiante universitario joven y muy culto que habíamos contratado como chofer. Dio la casualidad de que éramos sus primeros clientes y que él estudiaba relaciones internacionales. Cuando nos fuimos conociendo, le dije que quería saber más acerca de la orden de San Felipe Neri porque mi padre había sido sacerdote. Los ojos de Tomas se iluminaron.

"Yo voy a San Felipe Neri. Mis padres han pertenecido a esa congregación durante treinta años," me dijo el joven de ojos azules, y me explicó que era miembro activo de un grupo juvenil. Dijo que había un sacerdote en la iglesia, de más de ochenta años. Su padre estaría dispuesto a llevarme a la iglesia, dijo.

Al fin tuve la oportunidad de visitar la iglesia durante mi último día en Roma. Conocí al padre de Tomas quien muy amablemente me acompañó. Era una iglesia gloriosa, llena de historia. Desafortunadamente el sacerdote que estábamos buscando tenía el día libre. Sin embargo, me sentí como me había sentido en La Profesa, en la Ciudad de México—más cerca de mi papi.

"Qué chiquito es el mundo, Tomas," dije a nuestro chofer, mientras le agradecía que me hubiera invitado a la iglesia de su familia.

"Nada en la vida es coincidencia," me respondió.

Volver a visitar esa iglesia en Roma está todavía en mi lista de cosas por hacer, en mi cuaderno de notas que aún sigue activo, junto con los detalles que me gustaría investigar: ¿Dónde tuvo lugar la ordenación de mi padre? ¿Alguna vez lo exoneró de sus culpas el Departamento de Guerra? ¿Se casaron mis padres por la Iglesia?

Hay tantos misterios que aún rodean la vida de mi padre y su personalidad enigmática. Tal vez ese sacerdote del Opus Dei, que en una oportunidad me dijo que debía dejar que mi padre se llevara sus secretos a su tumba, tenía razón. Esos secretos, y Dios sabe cuántos otros que aún no he descubierto, reposan, sin duda, con mi padre en su tumba.

Cuando era niña, quería ser igual a mi madre. Cuando crecí me di cuenta que resulté siendo igual a mi padre—estricta, obstinada, ansiosa de saber cada vez más, persistente. Sé que siempre querré saber más acerca de él. Quizás sea porque soy una periodista inquisidora. O, tal vez se deba a que entre más cosas descubro acerca de mi padre, más aprendo acerca de mí misma.

Epílogo

Mí querido Papá:

Tengo tanto que decirte y tanto que preguntarte. Antes que nada quiero que sepas que te extraño mucho a ti y a mi mami. No tienes idea cuanto los necesito. Ahora más que nunca me doy cuenta del papel tan importante que juegan los padres en la vida de los hijos. Incluso a mi edad, hay momentos en que me siento como una niña vulnerable y desprotegida. Quisiera que ustedes estuvieran aquí para guiarme, aconsejarme, abrazarme y consolarme en momentos difíciles. Quisiera compartir con ustedes mis triunfos y alegrías.

Sabes, a veces me pongo a pensar que durante mi niñez y juventud no logre apreciarte lo suficiente. No aproveché todo el potencial de cariño que tenías para dar. Desaproveché por completo ese mundo de información que vivía dentro de ti, tu intelecto, tu vasto conocimiento de la vida, de la historia y la cultura.

Pero tenemos que reconocer que tú también desaprovechaste la oportunidad de acercarte más a mi y mis hermanas. Parecía haber una barrera invisible que no nos permitía penetrar tu alma más allá de un contacto superficial. Pudiste habernos enseñado mucho y habernos motivado para explotar al máximo nuestro potencial intelectual y como seres humanos. Siempre me pregunté ¿por qué siendo un hombre tan letrado, no inculcaste en nosotras la búsqueda de la superación educativa? ¿Por qué no alentaste nuestras inquietudes de aprender, de crecer?

Entiendo que tu actitud se debía a una manera de pensar muy conservadora. Me imagino que tu intención era guiarte por las mismas reglas del juego que rigieron en tu familia. Pero esas eran otras épocas. Como me gustaría haberte mostrado que las mujeres sí podemos superarnos y sí podemos contribuir a la sociedad mas allá de ser amas de casa y madres de familia.

Yo sé que tú estabas muy orgulloso de mis logros profesionales, me lo decías y me lo demostrabas todo el tiempo. Eso era importante para mí porque deseaba de todo corazón él complacerte y mostrarte que estaba haciendo algo útil con mi vida. En ese entonces recorría la ciudad de Los Ángeles cubriendo noticias, ahora recorro el mundo siendo testigo de la historia.

Como quisiera que estuvieras aquí para conversar contigo todas esas cosas que sólo hablabas con hombres. Era tan obvio, la política y los acontecimientos noticiosos eran cuestión de hombres, que las mujeres se dedicaran a la casa, los hijos y la cocina. Hoy me ayudaría tanto poder compartir contigo mis vivencias, intercambiar opiniones políticas, analizar juntos los cambios en la historia.

Siempre te vi como un gran hombre, más fuiste para mí un enigma. Había un velo de misterio en tu ser, tus acciones, tus decisiones, tu ausencia física y emocional. Si supiera entonces lo que sé ahora, sería otra historia.

No tienes idea lo que sentí cuando tu amigo me trajo aquella famosa caja llena de secretos de tu pasado que le habías dado a guardar. Eso me ayudó a esclarecer muchas cosas que simplemente no entendía. Por ejemplo, siempre me pregunté por qué no teníamos un mayor contacto con tu familia como el que teníamos con la de mi mamá. Francamente pensé que te habían desheredado por haberte casado con una mujer humilde como lo era mi madre. Me sentí rechazada y hasta humillada por esa ilustre familia que nunca conocí.

En realidad nunca me hicieron falta. Tengo gratos recuerdos de mi niñez. Yo los adoraba a ti y a mi madre. Aun en nuestro reducido núcleo familiar me sentía afortunada de tenerlos a ustedes y a mis hermanas. Y aunque contábamos con pocos recursos, nunca sentí un vacío en mi vida. Pero ahora que he tenido la oportunidad de conocer a algunos miembros de tu familia, pienso que pudimos haber tenido una vida familiar mucho más extensa, con mas tíos, primos, nuevas vivencias y experiencias.

Al sentarme a leer tus cartas y revisar los documentos que resguardabas en ese viejo archivo de piel, pude comenzar a entenderte mejor. Solo me puedo imaginar lo mucho que has de haber sufrido ocultando tu secreto. Lo difícil que habrá sido tomar decisiones que primero te separaron de tu familia en México y después de mi madre y tus hijas en California. La lucha titánica por lograr la reunificación familiar y por ser aceptado en la sociedad norteamericana.

Enterarme de tus secretos, despertó en mí la gran necesidad de saber más. De buscar a tu familia, mi familia. Quise investigar los hechos que te llevaron a darle un giro tan radical a tu vida. Pensé que si rascaba lo suficiente en tu pasado podría entender por qué nuestra vida fue como fue. Y como tu compleja historia y filosofía de la vida, ayudó a moldear la mujer que hoy soy.

No te tengo rencor por habernos mantenido alejadas de la verdad. Quisiera creer que lo hiciste para no lastimarnos, para no confundirnos con tales complejidades. Que nos mantuviste en la sombra para que nada interfiriera en la educación moral y cristiana que tanto deseabas inculcar en nosotras.

Es cierto que nunca fuiste un hombre de éxito. Nunca lograste amasar fortuna o dejarnos gran herencia. Pero quiero que sepas que lo que tú dejaste fue una huella imborrable en mi ser.

Te agradezco mucho los sacrificios que hiciste por mí, por mi madre y mis hermanas. Agradezco los principios y valores que inculcaste en mí. Tu firmeza y disciplina, ahora veo, ayudaron a ponerme en un buen camino. Despertaste en mí la conciencia social que hoy rige mi vida y mi carrera. Me mostraste con el ejemplo de que lo más importante en la vida es la familia, el ser decente, el respetarte y respetar a los demás. Esa es tu herencia, y vale mucho mas que cualquier fortuna del mundo.

Lo que he descubierto sobre ti es fascinante. Me ha hecho entenderte y entenderme mejor. Me ha hecho quererte más y darme cuenta lo importante que fuiste en mi vida. Siempre seguiré tus buenos ejemplos, y recordaré tus consejos. Llevaré tu nombre en alto con orgullo y dignidad. Trataré de enseñarles a mis hijas lo que aprendí de ti. Con la cabeza muy en alto puedo decir que yo soy la hija de mi padre, pero papi, eso sí, yo quiero ser un libro abierto con mis hijas, yo quiero vivir una vida sin secretos.

Te quiere, tu hija,
Malenita

14 de febrero de 2005

Agradecimientos

Una de las cosas más maravillosas de las relaciones humanas es que uno puede ser afectado de tantas maneras y aprender tanto de las diferentes personas que entran en nuestras vidas. Si yo tuviera que nombrar a todos aquellos que han dejado en mí una huella, necesitaría otro libro. Así es que por ahora me limitaré a reconocer y agradecer a quienes me ayudaron a que este libro fuera una realidad y aquellos que han influido en mi desarrollo personal y profesional.

Llevo varios años planeando este libro. Tomó diferentes formas. Escribí y re-escribí varias propuestas, pero no fue hasta que Rene Alegría de Rayo, HarperCollins, leyó una de ellas que realmente comenzó a tomar forma. Le agradezco a Rene su interés y su entusiasmo. Aun así, como periodista multi-media, ama de casa y madre de dos hijas y dos hijastras, no hay mucho tiempo libre para una tarea adicional. Si no hubiera sido por mi agente literario Bill Adler, quizás no hubiera seguido adelante con el proyecto. "Ya no es tu opción", me dijo Bill. "Tienes que contar tu historia." Gracias por el empujón Bill y por simplificar el proceso. Y gracias a Glenn Mott de King Features por presentarme a Bill, por creer en mí como columnista y apoyarme como autora.

Durante más de dos décadas mi co-presentador en el noticiero Jorge Ramos y yo hemos sido testigos de algunos de los momentos más trascendentales de la historia moderna. Juntos hemos visto y hemos reportado sobre el increíble crecimiento y la influencia que ha adquirido nuestra comunidad hispana. Hemos compartido momentos tensos e intensos, políticamente cargados y emocionalmente devastadores. Y durante todo este tiempo se ha comportado con gracia, serenidad y respeto. Como autor Jorge ha abierto el camino y me inspiró a escribir mi historia. Gracias Ramitos por ser un gran compañero, por responder a mis millones de preguntas y escuchar mis inseguridades.

Pocas personas me motivaron a que escribiera este libro como lo hizo Sylvia Rosabal-Ley, aún antes que fuera mi jefa. Le agradezco el pensar que mi historia era suficientemente interesante para convertirse en libro. Me considero afortunada de haber trabajado con grandes directores de noticias. Antes de Sylvia, fue Alina Falcón cuya inteligencia, gentileza y ecuanimidad han sido una verdadera inspiración. Guillermo Martínez me enseñó mucho sobre el delicado balance de cubrir noticias políticamente susceptibles, y como una relación profesional se puede convertir en una amistad. De Pete Moraga, mi primer director de noticias aprendí no solo las bases del periodismo sino como aplicarlas con humanidad y humildad. Gracias a Frank Pirozzi por apoyar mis nuevos proyectos y a Ray Rodríguez por su liderazgo y cordialidad.

Nuestro departamento de noticias ha gozado de éxito durante tantos años no solo por el liderazgo de nuestra gerencia sino simplemente porque tenemos un gran equipo. Me siento afortunada de trabajar con todos los profesionales detrás de "Noticiero Univision", en los estudios y en el campo. Les agradezco a Marilyn Strauss, Patsy Loris, Porfirio Patiño y Lourdes Torres por compartir conmigo momentos históricos y trágicos, tanto profesional como personalmente. Ángel Matos ha sido mucho más que el ojo detrás del lente en mis viajes alrededor del mundo: ha sido mi amigo y protector, y por eso le estoy profundamente agradecida.

Gracias a mis amigos tan especiales como lo son Teresa Rodríguez, Lazz Rodríguez, Emma Carrasco, Roy Blom, Manny Machado y especialmente mi querida Regina Córdova Schonwetter por no permitir que el tiempo y la distancia se interpusiera entre nuestra amistad.

Le agradezco a Liz Balmaceda por su increíble talento como escritora pero también por su sensibilidad y compasión, por tratar mi historia como si fuera suya y mis más íntimos sentimientos con el mayor de los respetos. Gracias a mi familia en México que tanto tiempo me tomó conocer por compartir conmigo detalles fascinantes de nuestra historia familiar. A mi Nina Espie por su amabilidad y mi prima Frida por siempre estar allí cuando la necesito.

Ningún éxito profesional se puede comparar con la importancia de la familia. Sin embargo, es irónico como a veces son ellos los que más sufren por nuestras actividades profesionales que nos roban el tiempo. Le agradezco a mi familia por su paciencia, su apoyo, su amor incondicional y por ayudarme a poner mi vida en perspectiva.

Gracias a mis hijas Julia y Gaby por ser mi sueño hecho realidad y aguantar mis largas horas de trabajo. A mis hijastras—o medias hijas—Bianca y Erica por enseñarme que el amor y el respeto se pueden cosechar. A mi sobrina Cici y mi sobrino Charlie, mis hermanas Isabel y Tina por mantener unida a nuestra familia. Y a mis padres Lucita y José Luis, gracias por ser seres humanos tan maravillosos y por ser la fuente de los valores que han regido mi vida.